Manual para
padres
primerizos

INSTRUCCIONES Y CONSEJOS PARA CRIAR A TU PRIMER BEBÉ

NÓSTICA
editorial

MANUAL PARA PADRES PRIMERIZOS
Instrucciones y consejos para criar a tu primer bebé

© **Derechos Reservados**
Nóstica Editorial S.A.C. 2018
Según Ley N° 13714 y D. Ley 822

Autor: Equipo Nóstica Editorial
Coordinadora: Tania Carbajal
Edición y diagramación: Juan Carlos Mendoza
Correcciones: Andrea Rodríguez

Editado por Nóstica Editorial S.A.C.
e–mail: atencionalcliente@nosticaeditorial.com
Primera edición. Octubre 2018
www.nosticaeditorial.com

ISBN: 9781729480656

ÍNDICE

INTRODUCCIÓN.. 09

CAPÍTULO 1. RECOMENDACIONES CIENTÍFICAS.... 11
«¿A quién se parecerá mi hijo?».............................. 11
Cuidarse para tener un hijo sano............................. 12
Lo que la genética recomienda............................... 13
Evaluación durante la gestación............................. 13

CAPÍTULO 2. CUIDADOS Y PERMISOS: LOS
PRIMEROS 3 MESES DE EMBARAZO....................... 15
¿Es posible decidir el sexo de nuestro bebé?............... 16
Sugerencias útiles.. 17

CAPÍTULO 3. ¡YA LLEGÓ AL CUARTO
MES DE EMBARAZO!... 21
Auto control... 21
El desarrollo de feto....................................... 25

CAPÍTULO 4. FALTAN 3 MESES: CÓMO
PREPARARSE PARA EL PARTO............................. 29
Acondicionamiento corporal................................. 29
Ejercicios respiratorios.................................... 29
La distensión corporal...................................... 31
Piensa en positivo.. 31
La psicoprofilaxis obstétrica............................... 32
Preparativos finales para el parto.......................... 33
Después del parto... 33
Las atenciones del recién nacido............................ 34

CAPÍTULO 5. ¡YA VA A DAR A LUZ!....................... 37
Síntomas de que ya nacerá el bebé........................... 37
Antes del parto... 38
El trabajo de parto... 38

6

Los periodos del parto... 39
Cuando el bebé se adelanta.. 41
Intervenciones médicas durante el trabajo de parto............. 42
Las complicaciones del parto... 43

CAPÍTULO 6. NACE EL BEBÉ... **45**
Grito de vida.. 45
Cortando el cordón umbilical... 46
Cuidado del recién nacido en los primeros
instantes de vida.. 46
Características físicas del recién nacido................................. 46
El test de apgar.. 47
El primer alimento del bebé... 48
El desarrollo del metabolismo del bebé en sus
primeros días de vida.. 48
La importancia del examen preventivo................................. 49
Inspección integral del recién nacido................................... 50
Niños sanos: descartando posibles anomalías...................... 53
Anomalías auditivas en el recién nacido.............................. 55
El alta de la madre... 56

CAPÍTULO 7. El BEBÉ EN CASA..................................... **57**
La primera semana.. 57
La alimentación del recién nacido.. 57
Lactancia artificial... 63
Todo sobre el biberón.. 65
El aparato digestivo del bebé... 67
Trastornos digestivos del bebé... 68
Relación leche-digestión.. 69
Cuidados del bebé en su primer baño.................................. 69
Los patrones del sueño en el recién nacido.......................... 71
El primer paseo del recién nacido.. 72
Cuidados con la ropa del recién nacido................................ 73

CAPÍTULO 8. MI BEBÉ DE 1 A 9 MESES........................ **75**
Desarrollo físico.. 75

Evolución del peso del bebé............................. 75
La evolución de la talla del bebé......................... 76
¿Cómo luce el recién nacido?............................ 77
Cuidados clínicos hasta los nueve meses................. 82

CAPÍTULO 9. ¿QUÉ HABILIDADES YA
DEBE TENER MI BEBÉ?.................................. 85
Al primer día.. 85
Los primeros siete días.................................... 85
El desenvolvimiento gestual............................... 86
Características del desarrollo motriz...................... 87
Descubriendo las manos.................................... 88
Los desplazamientos del bebé durante los
primeros meses.. 88
La evolución del tono muscular en los primeros
meses de vida.. 89
Desarrollo de los sentidos................................. 90
¿Qué esperar al séptimo mes?............................. 95
¿Y al octavo?.. 95
Desarrollo de conocimientos en los primeros meses........... 96
La angustia del octavo mes................................ 97

CAPÍTULO 10. CÓMO POTENCIAR LA
INTELIGENCIA DEL BEBÉ................................. 99
El despertar de la inteligencia............................ 99
El desarrollo sensomotriz................................. 100
El bebé de once meses..................................... 102
El descubrimiento del cuerpo.............................. 104
¿Cómo estimular el aprendizaje del bebé?................. 105
Etapas de desarrollo del lenguaje......................... 107
Recomendaciones para la estimulación del lenguaje......... 110
La evolución corporal del niño a partir de los
diez meses.. 111
Características nutricionales............................... 111

CAPÍTULO 11. 18 MESES A 3 AÑOS:
ENSEÑANDO A USAR EL BACÍN............................ 115
Características del pequeño de año y medio................. 115

8

La crisis de la autoafirmación.................................. 116
Otros descubrimientos.. 117
Tener paciencia.. 117
Conociendo la higiene.. 117
Imponiendo disciplina.. 118
Características del niño a los dos años y medio...................... 118

**CAPÍTULO 12. 3 AÑOS A MÁS: HABILIDADES,
SUEÑO Y ALIMENTACIÓN**............................... **121**
La evolución física del niño a partir de los tres años.............. 121
El niño aprende a caminar....................................... 123
Aspectos nutricionales.. 126
Desarrollo psicomotor.. 127

INTRODUCCIÓN

Cuando la paternidad llama a la puerta es normal sentir una serie de sensaciones contradictorias: emoción, temor, anhelo, nervios, esperanza, estrés, son algunas de las más frecuentes. Está bien dejarse llevar por el raudal de sensaciones que despierta esta mágica etapa en la vida de la pareja; sin embargo, también es conveniente poder darse el tiempo para canalizar toda esa emoción, a través de pautas básicas que ayudarán a la pareja a sobrellevar el embarazo, el nacimiento y el crecimiento del niño.

Es así que, el presente libro, narrado de manera completamente clara y didáctica, asume la función de guía o manual para seguir los pasos de la gestación, el parto y la crianza con la mayor seguridad y confianza posible. Todos deseamos ser buenos padres, pero nos hace falta un método. Este libro se los da a conocer.

En este primer número, abarcaremos las diferentes áreas del desarrollo infantil hasta los siete años, procurando no dejar de lado ningún tipo de característica, función o anomalía que sirvan para entender el proceso de aprendizaje del pequeño. Cabe señalar, que ninguna guía, por más sustentada que se encuentre, suple la opinión de un especialista que pueda examinar al niño de manera directa.

Ser padre es un reto, una decisión y un deber. Es un poco de ambas cosas. Felizmente, las habilidades técnicas que requieren los padres se pueden ir adquiriendo poco a poco, y este libro les podrá significar un primer paso. Sin embargo, lo fundamental, antes que la asimilación de conocimientos relacionados a la crianza, el desarrollo del niño y los estándares de aprendizaje socialmente aceptados, es que los padres tengan una buena actitud, basada en el amor y el compromiso de querer darle lo mejor a sus hijos.

CAPÍTULO
1

RECOMENDACIONES CIENTÍFICAS

En toda relación de pareja, la etapa de la paternidad supone la asimilación de un compromiso que se manifiesta de variadas maneras. Durante la fase de crecimiento y desarrollo del niño, los padres expresan activamente este compromiso, brindándole al infante las atenciones básicas que requiere. El tener cierto dominio de las implicancias psicológicas, biológicas y clínicas presentes durante esta fase, resultará fundamental para sobrellevarla con éxito. Asimismo, este proceso evolutivo se encuentra ligado, en gran medida, a un condicional de carácter pasivo, como son los aspectos hereditarios. Si bien, actualmente, los aportes científicos respecto a los peligros de patologías hereditarias han mostrado avances significativos, aún no es factible dominar los principios genéticos que ayuden a escoger el sexo del bebé. Gracias a los alcances previos que se pueden obtener respecto a los peligros genéticos a los que se encuentra expuesto el bebé, una pareja bien documentada, tiene la posibilidad de optar libremente por la paternidad natural, asumiendo los riesgos que esta supone. Estos son algunos puntos que no podemos dejar de tener en cuenta.

«¿A QUIÉN SE PARECERÁ MI HIJO?»
Algunos estudiosos encuentran una similitud entre el centro

de las células humanas y un software que registra la naturaleza genética de cada individuo. En tal sentido, encontramos que son los genes la representación tangible de este supuesto software genético, el cual determina los rasgos individuales que nos distinguen. Este proceso se origina a partir de la unión de un par de genes sobre dos cromosomas, aportados tanto por el padre como por la madre.

Se suele hablar de dominancia genética, cuando el gen de uno o ambos padres se puede apreciar en su hijo, como el color de cabello. Si el padre lo tiene negro y la madre castaño, pero el bebé hereda el color de cabello del padre, se puede decir que el gen dominante corresponde al color negro. En tal caso, el cabello castaño de la madre sería el gen recesivo. Cuando los genes de ambos padres son diferentes, se le considera una fusión «homocigótica», mientras que de ser iguales, se le conoce como fusión «heterocigótica».

CUIDARSE PARA TENER UN HIJO SANO

Trastornos hereditarios

Los trastornos hereditarios se atribuyen a influencia de genes extraños o poco comunes. En el caso de encontrarse la irregularidad en el gen dominante, será suficiente para que un trastorno sea heredado a los hijos. Si, por el contrario, nos referimos a una anomalía presente en un gen recesivo, será necesario que se produzca una combinación homocigótica para que esta se transmita al feto. Por tal razón, el embarazo entre parientes consanguíneos representa un mayor grado de riesgo en lo referente a los trastornos hereditarios, especialmente, de existir algún tipo de antecedente relacionado a este tipo de afecciones.

Trastornos cromosómicos

Suelen ser conocidos como los causantes de ciertas malformaciones agudas. Concretamente, se tratan de alteraciones de cantidad o magnitud de los cromosomas, como consecuencia de ciertas disfunciones. El trastorno se produce cuando se descompensa el número de cromosomas al momento de la concepción. Por ejemplo, como sabemos, el número de cromosomas que han de aparejarse es de 23 pares, y si uno de estos pares se encuentra conformado por tres cromosomas en vez de dos, el niño estará expuesto a tener el llamado Síndrome de Down. En este sentido, vemos que casi la totalidad de casos se deben a factores fortuitos, en lo que los padres no tienen responsabilidad alguna, razón por la cual resulta poco probable que el Síndrome se repita en los hermanos del niño afectado.

Circunstancias que aumentan el riesgo de sufrir trastornos cromosómicos.

Encontramos diversos factores de riesgos, entre los cuales destacan los siguientes:

- La edad de la mujer: si no pasa de los 20 años o si supera los 40.
- Trastornos hereditarios: si la pareja tienen hijos que presentan este tipo de trastornos.
- En el caso de matrimonios entre familiares cercanos.
- La reiteración de abortos improvisados, en los cuales se ha detectado la presencia de embriones afectados.
- La presencia de cromosomas irregulares en cualquiera de los padres.

LO QUE LA GENÉTICA RECOMIENDA

Una vez que una pareja con planes de convertirse en padres, se entera de la existencia de algún tipo de riesgo hereditario que podría afectar a su futuro hijo, los especialistas deberán aplicar las pruebas clínicas de rigor para determinar si el motivo de riesgo (detectado usualmente por antecedentes familiares) se debe a un factor accidental o inminentemente hereditario, el cual podría afectar al niño. Entre otras evaluaciones, se les pide un cariotipo a los padres, a través del cual se puede conocer el número y tamaño de sus cromosomas.

EVALUACIÓN DURANTE LA GESTACIÓN

Gracias a la ciencia, nos es posible reconocer la presencia de un trastorno genético en los meses previos al parto, lo cual resulta muy útil para prevenir y diseñar métodos de tratamiento adecuados. Dependiendo de la gravedad del caso, se podrá optar por suministrar un tratamiento a la madre o suspender el embarazo de ser necesario. En determinadas ocasiones, podrá sugerirse la cirugía del recién nacido, sobretodo en casos de malformaciones muy marcadas.

La ciencia médica recurre a los siguientes sistemas para la evaluación del feto durante la gestación:

- Amniocentesis precoz: esta prueba se lleva a cabo entre el cuarto y el quinto mes del embarazo; consiste la evaluación el líquido amniótico, la cual ayuda a examinar la cantidad y el tamaño de las células del feto, determinando diferentes tipos de anomalías, como las malformaciones. Una evaluación de esta magnitud, requiere la participación de expertos en la materia.

- Embrioscopia de contacto: esta prueba se lleva a cabo entre el segundo y el tercer mes de embarazo; consiste en la observación y el estudio de las extremidades del feto, con el fin de detectar posibles defectos físicos.

Existe entre los padres, una creciente inquietud con respecto a la posibilidad de recurrir al aborto terapéutico en el caso de que la madre presente patologías reiterativas. En tal circunstancia, se aconseja que la madre que padece de estas afecciones, consulte a su médico sobre la posibilidad y los riesgos, tanto para ella como para el feto. Algunos trastornos que ameritan una consulta con el médico antes de la concepción, son las enfermedades cardiacas, reumatológicas, endocrinas o las de carácter contagioso, como la tuberculosis.

CAPÍTULO
2

CUIDADOS Y PERMISOS: LOS PRIMEROS 3 MESES DE EMBARAZO

Las mujeres llevan la gestación de diversas maneras. Cuando se trata de una decisión voluntaria y planificada, dentro de un entrono saludable, tanto físico como psicológico, suele ser motivo de júbilo y expectativa para la pareja de futuros padres. No obstante, si el embarazo se produce en un contexto inadecuado, donde no existe ni el deseo ni la planificación por parte de la pareja, para tener un hijo, lo más probable es que la noticia provoque desconcierto y malestar en la mujer. En tal sentido, una óptima planificación familiar, orientará a la pareja, y especialmente a la futura madre, a elegir el momento más adecuado para salir en cinta.

De cualquier modo, la mujer que queda embarazada de manera voluntaria y planificada, puede verse enfrentada a determinadas dudas y temores, como la reacción estética que sufrirá su cuerpo con la gestación y los dolores del parto, así como la ansiedad por ver limitado su tiempo libre y cambiar ciertos hábitos.

No obstante, las mujeres que quedan embarazadas de manera planificada suelen superar estos temores, debido a la emoción de haber hecho realidad uno de sus principales anhelos y compenetrarse aún más en su relación de pareja. Por su parte, el feto también se ve expuesto a estos sentimientos por parte de la madre; si ella tiende a rechazar el embarazo o aceptarlo de manera negativa, es probable que el feto lo perciba mediante el ritmo cardiaco o de determinadas hormonas, llegando a causarle una sensación de aflicción que, en casos extremos, puede afectar su normal desarrollo. Por tal motivo, tomarse el tiempo adecuado para planificar el embarazo, resulta trascendente para la evolución de la gestación.

¿ES POSIBLE DECIDIR EL SEXO DE NUESTRO BEBÉ?

A pesar de los deslumbrantes avances de la ciencia médica y la biología, hasta la fecha no ha resultado posible influir en la elección del sexo del bebé, ni por métodos relacionados con la alimentación o la fecundación en sí misma. Sin embargo, existen métodos como las ecografías ultrasonidos, que a partir de la treceava semana de embarazo permiten, no solo conocer el sexo del bebé, sino también detectar posibles enfermedades congénitas.

El primer trimestre del feto paso a paso

- **Semana 1:** el óvulo fertilizado se divide al día siguiente de la fecundación. Cinco días después ingresa al útero.
- **Semana 2:** a partir de la segunda semana de embarazo se desarrolla el embrión, que consta de cabeza y tronco. Asimismo, la formación incipiente de la placenta permitirá, mediante la identificación de una hormona, la confirmación de la gestación por medio de la sangre o la orina.
- **Semana 3:** a partir de la tercera semana de embarazo (del día 22, para ser precisos), es posible detectar los primeros latidos del corazón del embrión. De igual manera, es la fecha en que la mujer percibe el retraso de su periodo.
- **Semana 4:** a partir de la cuarta semana de embarazo, el embrión empieza a desarrollar poco a poco sus miembros superiores e inferiores. De igual modo, el sistema nervioso central, el esqueleto y los músculos empiezan su evolución.

- **Semana 8 a semana 12:** durante este periodo se terminan de formar los órganos del feto, quien ya cuenta con cierta movilidad.

- **Semana 12 a semana 16:** durante esta semana el feto alcanza un peso de 14 gramos y una talla de 7.5 centímetros. En el transcurso de este periodo, ya es posible reconocer el sexo del bebé.

En el caso de la gestante, el tamaño de su útero va aumentando significativamente, pudiendo ser del tamaño de una mandarina durante el primer mes, hasta alcanzar el de una toronja, al final del primer trimestre de gestación.

SUGERENCIAS ÚTILES

Acuda al doctor

La intervención de un especialista, será necesaria desde un primer momento, desde que se produce el retraso de la regla o ante cualquier sospecha de embarazo. El descarte del estado de la paciente, se puede realizar mediante distintas pruebas, siendo el análisis de sangre la más confiable.

El siguiente paso, consiste en calcular el tiempo que lleva de gestación la paciente, tomando en cuenta la fecha de su último periodo. A continuación, el médico evalúa el margen de posibilidades de peligro que puede correrse durante el embarazo, en función a los antecedentes familiares y de la propia pareja. Una información precisa por parte de los padres, será de mucho ayuda para la labor del médico en esta etapa. Asimismo, para descartar la posibilidad de un parto prematuro, se realiza una prueba obstétrica que nos dé a conocer el estado del útero de la madre. Generalmente, las consultas médicas se llevan a cabo mensualmente, en circunstancias normales, llegando a ser bimensuales e incluso semanales, conforme se va acercando la fecha del parto.

El nivel de tensión arterial y el desempeño de los riñones, deberán ser monitoreados durante las visitas médicas de rutina. De igual manera, en el segundo mes de embarazo, se realiza un estudio del factor RH (grupo sanguíneo), para descartar su incompatibilidad o determinar un tratamiento, de ser necesario.

Lleve una alimentación balanceada

Existen una serie de nutrientes que no pueden estar ausentes de la dieta de toda gestante, estos son los minerales, las vitaminas y proteínas, los cuales se encuentran en una diversidad de alimentos de consumo diario. Asimismo, es aconsejable restringir el consumo de carbohidratos y grasas saturadas. El propósito de la nutrición durante el embarazo, es que la futura madre siga una dieta rica en calidad, no cantidad. De esta manera, el peso que ha de subir la mujer debe encontrarse dentro de los parámetros considerados como normales; estos parámetros contemplan un máximo de 12 kilos de sobrepeso durante el proceso de gestación completo.

Para conseguirlo, se aconseja que la dieta de la mujer embarazada conste de cuatro comidas por día, adecuadamente reguladas. A continuación, les dejamos un modelo de menú ideal para la gestante:

- *Desayuno:* media taza de cereales, con un vaso de leche y una mandarina. Se puede complementar con una tajada de pan integral y queso fresco.
- *Almuerzo:* 150-200 gr. de carne o pescado, media taza de legumbres con verduras o cereales (arroz), una ensalada con una cucharada de aceite y una tajada de pan.
- Merienda: una rebanada de pan tostado y un melocotón mediano.
- *Cena:* dos huevos, una taza de verduras cocidas con una cucharada de mantequilla o aceite, una tajada de pan y un vaso de yogur.

Es recomendable para la gestante, cuidar el estado de los alimentos que ingiere y comer carnes bien cocidas.

Conserve el aseo personal

Durante el embarazo, se incrementan considerablemente los niveles de evacuación de flujos en la mujer, por lo que mantener un aseo personal adecuado, se convierte en un tarea de primer orden. Cuando la higiene de las partes íntimas no es óptima, la constante evacuación de flujos puede llegar a ocasionar molestos ardores que ameritarán una revisión por parte de su ginecólogo. Asimismo, hay que evitar levantar pesos excesivos, lo cual incluye el peso del mismo embarazo. Si la gestante percibe que el vientre le pesa mucho o se agota con demasiada facilidad, también resultará conveniente recurrir a una opinión profesional. Es conveniente en esta etapa, el apoyo de la pareja de la gestante en las labores cotidianas.

El uso del agua y el jabón son útiles en el caso del derrame del calostro en el pecho. Un baño de ocho a diez minutos con agua tibia será suficiente.

Mantenga su ritmo laboral según sus posibilidades

A pesar de los estragos producidos en los primeros meses del embarazo, la rutina laboral no tiene por qué cambiar durante un embarazo normal, a menos que esta consista en actividades físicas de alta riesgo o esfuerzo. No obstante, con el paso de los meses, la gestante deberá ir considerando algunos aspectos de su rutina laboral, como el número de horas que le dedica al día y la distancia que tiene que recorrer para llegar a su centro de labores. De igual manera, su ginecólogo podrá sugerirle hasta qué momento resultará pertinente continuar o suspender la rutina laboral.

Practique deporte

El deporte en sí, resulta bastante recomendable para las gestantes, evitando por supuesto, los deportes de contacto o aventura, que puedan suponer un riesgo innecesario para la madre y el bebé. El jogging, la gimnasia y la natación, destacan entre los más recomendables. En todos ellos, se pueden adaptar rutinas especiales para gestantes.

Tómese unas vacaciones

Algunas mujeres temen realizar viajes de vacaciones en estado de gestación, sin embargo, los médicos señalan que los viajes no están contraindicados, siempre y cuando se realicen en condiciones óptimas para la futura madre y se eviten las distancias muy extensas. Si se va a ir a un lugar muy soleado, es conveniente protegerse la piel adecuadamente, para evitar manchas comunes durante la gestación. Si se tienen dudas al respecto, consultar con su ginecólogo antes de tomarse un viaje de vacaciones será lo más aconsejable.

Disfrute de su relación de pareja

El embarazo no tiene porqué significar la suspensión de la rutina sexual de la mujer. La mayoría de los consejeros matrimoniales consideran contraproducente para la relación de pareja, el llegar a interrumpir el contacto físico durante el embarazo. Eventualmente, en casos de existir riesgo de parto prematuro o pérdida, el ginecólogo podrá pedir a la pareja que suspenda su rutina sexual.

Totalmente contraindicado...

Así como existen una serie de mitos con respecto a supuestas limitaciones que tiene la mujer durante el embarazo, no podemos dejar de señalar determinadas conductas y hábitos, que toda gestante debe evitar, como tomar bebidas alcohólicas, fumar, automedicarse, exponerse a radiaciones, tomar vacunas no autorizadas por su ginecólogo, frecuentar lugares donde se encuentre expuesta enfermedades o sustancias tóxicas, como hospitales, fábricas o centros nocturnos.

CAPÍTULO
3

¡YA LLEGÓ AL CUARTO MES DE EMBARAZO!

AUTO CONTROL

La mujer que ingresa al segundo trimestre del embarazo, se suele sentir más cómoda, sin las náuseas, los mareos y demás estragos, típicos de la primera etapa de gestación. En este periodo, la mujer percibirá con claridad el movimiento de su bebé, lo cual implica que su atención y control sobre el mismo, deberá ser más riguroso que en el primer trimestre. Como ya sabemos, el cuidado del bebé en el segundo trimestre del embarazo, empieza por el cuidado de la futura madre. Para ello, esta debe cuidar su alimentación, tomar sus vitaminas y realizar una actividad física, que vaya de acuerdo a su estado de gestación. A continuación, les dejamos algunos modelos de gimnasia, recomendables para gestantes a partir del segundo trimestre:

Pegar los talones
Sentada en el suelo y con la espalda recta, junte las plantas de los pies y pegue los talones. Respire profundamente. Al inspirar, estire la columna poco a poco. Este ejercicio favorece la circulación en la pelvis y aumenta la flexibilidad de los músculos de esta zona.

Sentarse con las piernas estiradas
Siéntese en el suelo con la espalda recta y las piernas estiradas

y separadas. Mantenga relajados los músculos de las piernas y extienda los talones. Realice varias respiraciones profundas al tiempo que mantiene el cuello y los hombros relajados. Este ejercicio sirve para estirar y relajar los músculos de la parte interior de los muslos.

Contracción del pecho
De pie y con los brazos a la altura de los hombros, sujete el brazo contrario con la mano. Contraiga los músculos del pecho al mismo tiempo que tira con los codos hacia fuera. Con este ejercicio se consigue fortalecer los músculos del pecho.

Hombros estirados
En cuclillas, con las rodillas separadas y las nalgas pegadas a los talones, colóquese frente a una pared. Estire suavemente los brazos hacia arriba y coloque las manos en la pared con una separación de unos 30 centímetros. Este estiramiento ayuda a respirar mejor y alivia la acidez de estómago, tonificando también los músculos que sostienen el pecho.

Antes de realizar alguna de estas actividades, se recomienda informar al ginecólogo, sobre todo si la mujer padece anemia, tiene hemorragias vaginales, arritmias, hipertensión, si su embarazo es gemelar o sufre contracciones prematuras. En ningún caso se debe forzar el organismo.

El control profesional
Durante el segundo trimestre del embarazo, la gestante se verá expuesta a una serie afecciones y malestares que requerirán de atención profesional. Suelen presentarse, por ejemplo, dolores en los huesos del pubis que dificultan el andar de la mujer. Durante este periodo, el doctor se encargará de controlar el estado del feto de diferentes formas, como escuchando sus latidos, efectuando ecografías, evaluando su desarrollo físico y descartando los riesgos de un nacimiento adelantado. Algunos síntomas como las contracciones o el ardor vaginal, deben ser comunicados al médico cuanto antes.

Asimismo, existe una variedad considerable de afecciones que amenazan la salud de la futura madre y su hijo; para detectarlas a tiempo, es necesario acudir a las citas médicas puntualmente y estar al día con las pruebas que este solicite. Entre los trastornos que comúnmente aquejan a las gestantes, encontramos los siguientes:

Incompatibilidad RH materno – fetal
Este problema se da cuando una mujer Rh negativo concibe un hijo con un hombre positivo, ya que el feto podría ser positivo también. Si la sangre de este entra al torrente materno, su sistema no tolera la presencia del factor Rh y produce anticuerpos en su contra. Para que se dé la incompatibilidad, primero debe haber una «sensibilización anti Rh», la que puede ocurrir hasta en el 2% de los casos durante la gestación y hasta el 15% en el parto, debido a que en ese momento pueden mezclarse ambas sangres. En general, esta sensibilización ocurre en el primer embarazo, por lo que los primeros hijos no son tan afectados como los siguientes, en cuya gestación la enfermedad suele darse con mayor intensidad y prematuramente. Para descartar este problema en el caso de las parejas donde las mujeres son Rh negativo y el hombre Rh positivo, se les realiza una «prueba de Coombs», para medir la presencia de anticuerpos Rh. Esta prueba se realiza al inicio del embarazo y puede repetirse entre 26 a 28 semanas después.

Toxemia gravídica
Es un término genérico que se utiliza para describir una enfermedad de la mujer embarazada que se caracteriza por el desarrollo secuencial de acumulación de líquidos en el tejido intersticial (edema), presión arterial elevada (hipertensión), excreción de grandes cantidades de proteína por orina (proteinuria), lo que en conjunto tiene lugar aproximadamente después de la semana veinticuatro de gestación. Este trastorno suele ser más común en mujeres que van a ser madres por primera vez, especialmente si son muy jóvenes. Se da a partir de la treceava semana de embarazo. La Toxemia gravídica se caracteriza por presentar aumento de volumen en las piernas, aumento excesivo de peso, albuminina (presencia de albumina en la orina y elevación

anormal de presión arterial) Es importante mantener un control regular de la tensión arterial y de la presencia de albúmina en la orina para diagnosticar a tiempo el problema y tratarlo de mejor manera posible, a fin de que no afecte el embarazo.

Toxoplasmosis

Es una infección parásita ampliamente extendida que al ser contraída por una mujer embarazada, puede poner en peligro la salud de su futuro bebé. Cuando una mujer gestante contrae toxoplasmosis por primera vez, existe un 40% de probabilidades de que transmita la infección a su hijo. Sin embargo, el riesgo y la gravedad de la infección del bebé dependen, en parte, del momento en que la madre contrae la infección. Los estudios sugieren que cuando una madre contrae la infección durante el primer trimestre del embarazo, el 15% de los fetos también se infectan, en comparación con el 30% durante el segundo trimestre y el 65% durante el tercero. No obstante, cuanto más cerca del comienzo del embarazo ocurre la infección, más grave es para la salud del feto. Además de realizarse paródicamente pruebas sanguíneas para descartar la presencia de esta enfermedad, también es recomendable que la gestante evite contacto con animales que suelen ser portadores de la misma, como gatos y palomas; que coma las carnes bien cocidas y las verduras bien lavadas. En casos de toxoplasmosis el médico podría llegar a sugerir el aborto terapéutico, pero solo en casos muy extremos en donde los tratamientos resulten estériles.

Sífilis

Aunque muchas mujeres la contraen sin saberlo, lo cierto es que la sífilis es una enfermedad extremadamente peligrosa para un feto. La misma puede ser transmitida a su bebé a través del canal de parto (canal vaginal) y, posiblemente también en una cesárea; aunque una cesárea podría reducir el riesgo de transmisión de esta enfermedad. La sífilis que es transmitida al feto durante el embarazo es conocida como «sífilis congénita». Es verdaderamente importante que la gestante se someta a todos los exámenes médicos necesarios para detectar o descartar la presencia de sífilis durante las primeras etapas de su embarazo.

Radiaciones

Existe un debate en la comunidad científica con respecto a los efectos de las radiaciones en las mujeres embarazadas, considerando que la radicación como tal, se encuentra en todas partes, como en los teléfonos celulares o en los equipos de aire acondicionado. No obstante, en el caso de concentraciones masivas, como en la aplicación de rayos X, no es recomendable exponer al feto que aún se encuentra en una etapa delicada del desarrollo.

Diabetes

Es la que aparece por primera vez cuando la mujer está embarazada, desaparece cuando nace el bebé, pero aumenta el riesgo de tener diabetes más adelante. Cualquier tipo de diabetes durante el embarazo aumenta el riesgo de complicaciones para el bebé y la madre. Si la mujer ya tiene diabetes antes del embarazo, debe supervisar y controlar sus niveles de glucosa.

Rubeola

Si la mujer embarazada se infecta, puede causar males congénitos al bebé que lleva en su vientre. Según los estudios, la rubéola es la responsable del 80% de los casos de trastornos congénitos en los pequeños, con abortos espontáneos en el 20% de los casos. Debido a su implicancia, la mujer embarazada debe someterse a exámenes de descarte de esta enfermedad, desde el principio de la gestación.

EL DESARROLLO DEL FETO

La vida del feto

El feto es dependiente directo de la gestante, a través de un órgano conocido como placenta, que sirve para formar un conducto entre la madre y su hijo, mediante el cual se le cubren todas sus necesidades, mientras se encuentra en el vientre materno.

Nutrición

Aunque el feto se alimenta parcialmente de las sustancias nutritivas que contiene el líquido amniótico, su fuente de principal de sustento son aquellos elementos que transporta la sangre de la madre y que llegan por el cordón umbilical a través de la placenta.

Filtración

Con el fin de asegurarse de que el feto no absorba ninguna clase de desperdicio o de substancias químicas provenientes de su sangre, la placenta cumple la función de un filtro encargado de mantener estas substancias alejadas del sistema orgánico de su bebé. No obstante, la placenta no proporciona protección completa contra todos los productos peligrosos: humo de cigarrillos, alcohol, y ciertos medicamentos que pueden llegar a filtrarse dentro de ella.

Funciones endocrinas

La placenta genera hormonas que permiten la permanencia del embarazo y modifican el metabolismo, así como las funciones fisiológicas maternas para la subsistencia del bebé en crecimiento.

Eliminación de desechos

El feto transfiere a su madre los productos de desecho que se producen en su metabolismo y que no puede eliminar por sí solo, dado que sus órganos son inmaduros, y que él se encuentra en un claustro aislado del mundo exterior.

Características del feto en el segundo trimestre del embarazo

- **Semana 16 a semana 20**
  La piel de un feto al cuarto mes de gestación, es muy delgada y casi transparente, recubierta de un fino bello que se lo conoce como «lanugo». Su intestino empieza a funcionar llenándose de una materia de color verdoso conocida como «meconio». Su peso durante el cuarto mes alcanza los 250 gramos y llega a medir 15 centímetros. Lentamente, se irán formando la nariz, las cejas y las orejas. El cabello irá apareciendo. En este trimestre, los movimientos del feto se vuelven más constantes y definidos.

- **Semana 20 a semana 24**
  Durante el quinto mes del embarazo, el feto llega a medir 25 centímetros y pesar unos 540 gramos, mientras que su cabeza tiene un diámetro de hasta 50 milímetros. Su

cuerpo se encuentra completamente cubierto por una sustancia conocida como «vérnix caseoso».

- **Semana 24 a semana 28**
  En el sexto mes del embarazo, encontramos la piel de su futuro bebé roja y arrugada, cubierta de un vello fino. En este periodo, los pulmones del feto aún no se han desarrollado lo suficiente como para permitir su vida fuera del vientre materno. Al final del sexto mes de gestación, el feto mide 30 centímetros y pesa 1000 gramos.

CAPÍTULO
4

___

FALTAN 3 MESES: CÓMO PREPARARSE PARA EL PARTO

Cuando se llega al tercer y último trimestre del embarazo, se pone de manifiesto de manera correcta o incorrecta, que se han llevado a cabo los dos trimestres anteriores. La planificación en los trimestres previos incluye temas de organización elementales, como la elección de la clínica u hospital donde la madre dará a luz, así como la condición física de la gestante, la cual será consecuencia de la actividad física que haya realizado los meses anteriores.

ACONDICIONAMIENTO CORPORAL

El parto supone un derroche de energía y estrés considerable, por lo que es conveniente que la futura madre se encuentre lo suficientemente relajada y de buen ánimo para el gran día. En las semanas previas al alumbramiento se recomienda llevar una rutina más flexible, brindándole más tiempo al sueño, pero sin dejar de lado los ejercicios recomendados para esta última parte del embarazo.

EJERCICIOS RESPIRATORIOS

Los ejercicios respiratorios durante el tercer trimestre del embarazo, tienen por objeto mejorar la capacidad torácica y la ventilación pulmonar, facilitando así la oxigenación de la sangre. La práctica de estos ejercicios, le permitirá a la gestante coordinar la respiración y el esfuerzo muscular, en previsión del momento de la expulsión. Lo más aconsejable es realizarlos acostada, aunque también se pueden practicar sentada.

Respiración abdominal
Se lleva a cabo por medio de los movimientos del diafragma; el vientre se hincha en cada inspiración.

Respiración torácica
Se realiza por medio de los movimientos de los rostados; el tórax se eleva en cada inspiración.

Respiración superficial
Se realiza después de efectuar varios movimientos respiratorios normales (en respiración torácica), acelerando de modo progresivo el ritmo respiratorio, con la boca abierta, y realizando pequeños movimientos respiratorios localizados en la parte superior del tórax (hasta 25 o 30 por minuto). Recomendado para gestantes que dominan el sistema de respiración torácica.

Apnea voluntaria (respiración bloqueada)
Este ejercicio consiste en realizar varios movimientos respiratorios normales, para luego hacer una inspiración profunda, manteniendo bloqueado el tórax en posición de inspiración el mayor tiempo posible, hasta vaciar los pulmones y reemprender la respiración normal.

Respiración jadeante
Este ejercicio consiste acelerar el ritmo de la respiración manteniendo la boca abierta, sacando ligeramente la lengua, hasta unas 40 veces por minuto.

Ejercicios de Kegel
Son ejercicios de flexibilidad, que ayudan a tonificar los músculos de la vagina y el pirineo, lo cual es de mucha importancia durante el parto. Se realizan tensando los músculos que rodean la vagina

y el ano. A continuación, se realiza un movimiento similar al que se produce cuando intentamos detener el flujo de la orina. Los músculos han de mantenerse tensionados por espacio de 8 a 10 segundos, luego se relajan y se puede repetir.

LA DISTENSIÓN CORPORAL

Conseguir un nivel de relajación corporal óptimo a la hora del parto, ayudará a la mujer a evitar la fatiga de los músculos uterinos, ahorrando energía para soportar las contracciones. Las técnicas de relajación, lo primero que requieren es un ambiente adecuado donde llevarse a cabo. Lo ideal, es que se trate de un espacio donde nadie interrumpa y pueda estar a solas con música suave y velas aromáticas, que estimulen a la relajación. Asimismo, la mujer deberá vestir ropa cómoda, que no le dificulte la movilidad. A continuación, señalamos algunos ejercicios muy sencillos y seguros que ayudarán a la gestante a relajar la tensión muscular preparto.

- Sentarse con las piernas cruzadas, estirar los brazos hacia atrás, doblando el cuello hacia el pecho.
- Estirar los brazos con los dedos de las manos entrelazados, intentando tocar el techo con las palmas. Girar la cabeza hacia ambos lados.
- Colocar las manos sobre el abdomen y soplar lentamente.
- Tumbarse boca arriba, acariciando el vientre con suavidad. La respiración debe ser lenta y pausada.
- Tumbada boca arriba, apoyar los pies en el sofá con las rodillas estiradas entre diez a quince minutos, con el objeto de favorecer la circulación.

PIENSA EN POSITIVO

El pensamiento positivo resulta fundamental para conseguir una relajación a nivel mental. Se recomienda que además de descansar lo suficiente, la gestante mantenga su mente enfocada en cosas positivas, que la alejen de los problemas y angustias cotidianas. La meditación con los ojos cerrados, suele ayudar en gran medida.

LA PSICOPROFILAXISIS OBSTÉTRICA

Son programas educativos que se llevan a cabo en distintos centros de salud, con el fin de brindar a las gestantes una preparación integral, la cual abarca el embarazo, el parto y el postparto. Esta opción conjuga la información sobre los cambios biológicos del embarazo, la práctica de ejercicios físicos y la terapia de grupo, para lograr que la mujer embarazada y su pareja tengan plena conciencia del proceso que atraviesan y puedan actuar en el momento del parto sin caer en la administración innecesaria de analgésicos o anestesia.

Los cursos de psicoprofilaxis o cursos preparto, son dictados generalmente por obstetras, siendo recomendado su inicio a partir de la semana treinta del embarazo, entre el sexto y séptimo mes. El contenido del curso suele dividirse en dos fases. La primera consiste en la preparación psíquica. Esta fase consiste en enseñarle a manejar sus miedos y ansiedades a la gestante, para lo cual existen distintas técnicas. La terapia de grupo, por ejemplo, es una técnica en la cual todas las mujeres pueden expresar sus inquietudes y ser contestadas por otras mamás ya experimentadas o por los coordinadores. Por otra parte, la relajación, la respiración y la meditación ayudan a disminuir las tensiones y controlar el dolor.

La otra fase, es la conocida como preparación física, la cual se refiere a las técnicas de preparación del cuerpo para concentrar la energía en los sitios donde debe ejercerse presión, o más concretamente, «aprender a pujar». Esto implica trabajo muscular, ejercicios respiratorios y posturales.

La historia de la preparación para el parto empieza del año 1908 en EE.UU, cuando la Cruz Roja ofrecía clases sobre el cuidado de la madre y su bebé como parte de los cursos de salud en el hogar. Pero a principios del siglo XX, empezaron las primeras experiencias en búsqueda del alivio del dolor durante el parto, tal como lo describió en 1914, el médico Grantly Dick-Read, cuyas observaciones motivaron sus primeras investigaciones que dieron inicio a la explicación científica de la Psicoprofilaxis. Es así que en el año 1933, el obstetra inglés Grantly Dick Read publica la obra titulada «Parto sin dolor». Sus publicaciones constituyen las primeras observaciones hechas en forma organizada y constituyen el primer intento científico de entender y eliminar los dolores del parto. La Tesis de Read sustenta lo siguiente: «El dolor del parto se ha magnificado en la mujer como fruto de la civilización, y con sus prejuicios y falsas concepciones, ha desvirtuado el sentido de la maternidad».

PREPARATIVOS FINALES PARA EL PARTO

Aunque muchos se preparan con antelación, usualmente se sugiere alistar la maleta de emergencia entre fines del séptimo mes de embarazo e inicios del octavo. Cabe destacar, que una cosa es la maleta del bebé y otra la de la madre, las cuales deben estar separadas para evitar confusiones. Si hablamos de la maleta de la gestante, esta debe incluir ropa cómoda y ligera, entre la cual no pueden faltar los camisones abiertos, para dar de amamantar al bebé, sujetadores de lactancia, varios pares de medias y ropa interior (si es posible trusas desechables), bata y pantuflas o algún otro calzado cómodo, que permita movilizarse sin mayor esfuerzo por espacios reducidos. Además de la ropa, la maleta de parto de la madre, deberá incluir artículos de limpieza personal, como champú, jabón, aceite, pañuelos, crema rehidratante y cosméticos, en caso de querer encontrarse presentable para la visita. Finalmente, no olvidar llevar consigo los papeles que sean necesarios para proceder al internamiento de la gestante.

DESPUÉS DEL PARTO

Aunque parezca un detalle minúsculo, algunas parejas no prevén los cuidados que hay que tener para regresar a casa con la madre y el recién nacido. En primer lugar, se recomienda contar con una movilidad particular que recoja directamente a la mujer y al bebé de la puerta del centro de salud. De igual manera, se debe contar con una manta para tapar a la criatura y biberones con leche y agua tibia.

LAS ATENCIONES DEL RECIÉN NACIDO

La llegada de un bebé al hogar, sin duda cambia el estilo de vida de la pareja. Los nuevos deberes que se tienen con el recién nacido, suponen la necesidad de acondicionar la casa a los cuidados que necesita. Estos cuidados van desde el retirar los objetos que puedan ser peligrosos para el bebé, hasta el disponer a la mano todo lo que se requiera para su atención, como toallitas húmedas, babitas, ropa de cambio, tachos, etc.

La higiene

Para llevar a cabo una limpieza óptima del recién nacido, lo primero que deben evitar los padres es ser los causantes de alguna afección. Para ello, se recomienda lavarse cuidadosamente las manos antes de tocar al bebé y colocarle sobre una superficie limpia. En cuanto a lo referente al baño del bebé, lo mejor es utilizar el agua sin más. Si el recién nacido tiene la piel muy seca, se pueden añadir dos o tres gotas de aceite de germen de trigo al agua. También existen aceites de baño especiales. Para cuidar la piel del bebé, se recomienda el uso de una esponja, la cual debe ser reemplazada periódicamente para evitar la aparición hongos. Todos los productos que se usen para el aseo del recién nacido, deberán ser especiales para bebés. A diferencia de los niños grandes, los muy pequeños no necesitan bañarse todos los días.

El maletín del bebé

Aunque puede llevar más cosas dependiendo de los gustos de la madre, todo maletín personal del recién nacido debe contener lo siguiente:

- Frasco o lata de leche para bebés.
- Biberón esterilizado.
- Paños húmedos.
- Tijeras especiales para las uñas del recién nacido.
- Cepillo de pelo.
- Jabón de uso pediátrico.

- Pañales de cambio.
- Muda de ropa de cambio.

Las prendas de vestir

Es altamente recomendable que el recién nacido disponga de un espacio independiente para guardar su ropa. A su temprana edad, los bebés suelen ensuciar las prendas de vestir con frecuencia, razón por la cual, los padres deben ordenar adecuadamente la ropa de niño, de manera que resulte fácil de ubicar. Asimismo, la ropa interior ha de ir en un cajón distinto al de las demás prendas. En cuanto a los pañales, se aconseja que estos también tengan un cajón o espacio seleccionado específicamente para ello. Finalmente, hay que colocar a la mano las prendas relativas a la estación en la que nos encontremos, para no abrigar o desabrigar innecesariamente al bebé.

El dormitorio

La pareja puede preparar la habitación del recién nacido de diversas maneras, en función del espacio que dispongan y su capacidad económica. No obstante, existen algunos detalles que todos los padres han de considerar al momento de preparar el dormitorio de su hijo recién nacido.

- *El color:* tradicionalmente, se utiliza el azul para los niños y el rosa para las niñas; sin embargo, hoy en día muchas familias optan por el beige, el amarillo claro, e incluso por el lila. Hay pinturas para todos los gustos, en tonos fuertes o suaves. Para los más pequeños de la casa, se sugieren los tonos suaves, que inspiren tranquilidad.

- *La iluminación:* se suelen recomendar dos tipos de lámparas: una en el centro del techo, y otra con forma de media luna en una de las paredes del cuarto. Esta última, se puede utilizar en caso de que el bebé necesite cuidados durante la noche, sin tener que ser incomodado con la luz principal.

- *El colchón:* puede ser hasta de cuatro tipos distintos, según el material y precio. El de espuma es el más barato, es antialérgico, pero menos higiénico. El de muelles es el segundo más barato, y su ventaja es que dispone de dos caras distintas: una para los meses de verano y otra para los meses de invierno. El tercer tipo es el de fibra de coco. Este colchón es más higiénico que los anteriores porque impide la acumulación de humedad, pero es más caro que los dos primeros. El cuarto es de látex, el más higiénico de todos, y el que mejor se adapta al cuerpo del bebé.

- *Las medidas de seguridad:* para que la habitación del bebé sea realmente un espacio seguro y confortable, se recomienda usar pinturas no tóxicas, muebles con bordes redondeados, protectores de enchufes, cajones, puertas y ventanas. Guarde bien los medicamentos, las pomadas, y otros materiales que el bebé pueda llevarse a la boca. Evite los objetos de cristal, de cerámica, u otros que puedan romperse y dañar al bebé. Asimismo, resulta bastante provechoso el mantener lo más desocupada posible la habitación del bebé, evitando la acumulación de ropa, juguetes o peluches, que puedan provocarle un cuadro alérgico.

De paseo en coche

Además de la protección y el cuidado del hogar, el bebé también requerirá de paseos por espacios libres. Los pediatras, recomiendan sacar a pasear al bebé diariamente, si es posible. De esta manera, el infante se nutre de la vitamina D que brindan los rayos solares, así como le ayuda a reforzar el sistema inmune y estimula su apetito. El paseo del recién nacido se efectúa, por lo general, en su coche de bebé, el cual debe estar correctamente adecuado según las condiciones climáticas. Aun así, en caso de temperaturas extremas o malestares que pueda padecer el recién nacido, lo mejor es suspender el paseo en coche hasta que las condiciones sean las idóneas. Algunos padres, prefieren utilizar el llamado «canguro» a la hora de sacar a sus hijos pequeños, porque les da la posibilidad de cargarlos en sus brazos sin hacer mucho esfuerzo, no obstante, este sistema puede ocasionar ciertas molestias en la zona lumbar del progenitor.

CAPÍTULO
5

¡YA VA A DAR A LUZ!

SÍNTOMAS DE QUE YA NACERÁ EL BEBÉ

Considerando que para el final del último trimestre del embarazo, la pareja ya ha decidido el hospital o clínica donde nacerá el bebé, lo siguiente sería reconocer los síntomas que nos indican que debemos ponernos en marcha rumbo al centro de salud elegido:

- Cuando las contracciones se produzcan a cada 5 o 10 minutos.
- Al romperse la placenta y al aparecer un líquido de color marrón verdoso oscuro con manchas.
- Al notar manchas de sangrado vaginal.
- Si la madre no puede caminar ni hablar durante las contracciones.
- Al notar algún tipo de dilatación.

Una vez que la gestante llegue al centro de salud, los médicos le deberán aplicar un enema evacuador, para evitar la contaminación con materia fecal, ya sea al bebé o a la herida. Al ingresar a la sala de partos, se evalúa el estado de salud de la mamá, para esto se recomienda que lleve una carpeta con todo el historial del embarazo: exámenes de laboratorio, ecografías, fórmulas médicas, etc. Asimismo, se revisan signos vitales, tensión arterial y se evalúa el bienestar fetal. Luego se practica un tacto vaginal que ayuda a predecir el tiempo probable de duración del parto. Además, se coge una vena y se coloca suero, practicándose una monitoría fetal para observar exactamente el número de contracciones y cómo las tolera el bebé.

ANTES DEL PARTO

Lo ideal es que la futura madre se encuentre acompañada por su pareja o familiares cercanos en los momentos previos al parto. En este momento, la preparación –tanto mental como física– que haya seguido la mujer, le será útil para afrontar el momento previo con la mayor tranquilidad y confianza posible.

EL TRABAJO DE PARTO

Lo que conocemos como «trabajo de parto» es un proceso que suele durar de 8 a 12 horas, dependiendo del estado de la gestante y su bebé. El trabajo de parto se inicia con las primeras contracciones provocadas por la desaparición paulatina del cuello uterino. Las contracciones suelen ocurrir cada 20 o 30 minutos, y tienen una duración aproximada de 15 a 20 segundos, cada una. Las contracciones se vuelven más numerosas debido a la dilatación progresiva del cuello, la cual deberá presentar una apertura máxima de 10 cm para que pueda dar paso al recién nacido. Hasta que el bebé salga, este proceso suele durar aproximadamente de 6 a 8 horas, dependiendo si es o no el primer parto de la madre.

El ritmo de las contracciones

La evolución de las contracciones en los momentos previos al alumbramiento, se produce de la siguiente manera:

- Contracciones a cada cinco minutos, con duración entre 30 y 40 segundos, dilatación de casi cinco centímetros.
- Contracciones a cada tres o cuatro minutos, con duración de 40 a 45 segundos, dilatación de seis centímetros.
- Contracciones a cada dos o tres minutos, con duración de 45 a 50 segundos, dilatación de ocho centímetros.
- Contracciones a cada uno o dos minutos, con duración de aproximadamente un minuto, dilatación de casi diez centímetros.

La mujer en el último momento de la gestación

La mujer que se encuentra por dar a luz, suele presentar las siguientes sensaciones:

- Las contracciones son casi ininterrumpidas y, a veces, arrítmicas.
- El estado de ánimo de la parturienta puede ser de cansancio, intranquilidad o hasta irritabilidad.
- Pueden manifestarse calambres, náuseas, sudoración profusa, sofocación, hipo, etc.
- Se sienten ganas de empujar, las cuales deberán ser controladas hasta que exista una dilatación completa.

LOS PERIODOS DEL PARTO

El parto en sí mismo está compuesto por los siguientes periodos:

Periodo de dilatación: esta etapa comienza con las contracciones regulares que dilatan el cuello del útero. Se prolonga hasta que el cuello se dilata completamente. El período de dilatación puede transcurrir entre cuatro a doce horas. La intensidad del dolor de las contracciones también es diferente, dependiendo de cada mujer, razón por la cual se afirma que cada parto es distinto. También puede ocurrir en apenas algunas horas con contracciones muy evidentes. Durante este periodo se deben tomar los cuidados que detallamos a continuación:

- Rasurado y lavado con solución antiséptica de la zona.
- Restricción de líquidos y alimentos.
- Apoyo psicológico de la gestante.

Periodo expulsivo: este período comienza cuando el cuello del útero se encuentra totalmente dilatado y termina con el nacimiento del bebé. Durante este período el feto debe completar la rotación, amoldamiento y descenso de la cabeza en el canal del parto.

El período expulsivo puede llegar a durar dos horas en las mujeres primerizas. Con cada contracción, la mujer deberá hacer el esfuerzo de pujar y descansar cuando esta desaparezca.

Entre cada contracción se debe respirar por la nariz y eliminar el aire por la boca. Mientras la mujer se concentra en respirar, los médicos auscultarán los latidos cardíacos fetales en espera de la próxima contracción.

En esta fase, la labor de la madre se basará en empujar, bien coincidiendo con sus contracciones, o bien bajo las órdenes de su ginecólogo u obstetra. Es aquí, también, donde la colaboración del padre puede tener un papel relevante, tanto desde el punto de vista psicológico como participativo. Cuando el niño ha progresado lo suficiente para llegar a abombar el periné de la madre, esta dejará de empujar durante unos momentos, con el fin de que se le realice el corte perineal, que tiene como objeto ampliar la salida del canal del parto, evitando que se produzcan desgarros perineales que son mucho más difíciles de reparar. Tras el nacimiento, el niño permanecerá unido a la madre por el cordón umbilical, el cual se cortará a continuación. Si la expulsión se demora más de media hora, se considerarán otras alternativas, como la cesárea.

El periodo expulsivo está conformado por los siguientes momentos:

- Encajamiento y flexión de la cabeza.
- Descenso y rotación interna.
- Deflexión y salida de la cabeza.
- Rotación externa y salida de los hombros y del resto del cuerpo.

Periodo de alumbramiento: en este el último período del parto, se encuentran comprendidos la expulsión de la placenta y de las membranas que envolvían al feto. Su duración es variable, siendo en promedio 30 minutos como máximo.

Durante este tiempo aparecen contracciones más suaves, a veces imperceptibles, que tienen por objeto desprender la placenta del útero y deslizarla hacia fuera. Concluido el alumbramiento, el útero va recuperando poco a poco su tono. Esto es esencial para evitar hemorragias genitales de consideración.

Una vez desprendida la placenta, el ginecólogo procederá a examinarla, verificando su buen estado, y que se haya eliminado en su totalidad. En este momento se procede a la inspección del aparato genital y a la sutura de la episiotomía.

CUANDO EL BEBÉ SE ADELANTA

Cuando un bebé nace antes del tiempo previsto por los doctores, se le suele denominar «parto prematuro». Técnicamente, esta situación no es más que el alumbramiento del bebé entre la semana número 28 y la semana número 37, del periodo de gestación. Los ginecólogos coinciden en que siempre la mejor incubadora es el útero materno, por eso, cuanto más tiempo pueda permanecer el bebé en el útero, mejor pronóstico tendrá su nacimiento.

Existen diversas causas que pueden originar un parto prematuro, aunque algunas de ellas son aún desconocidas, entre las identificadas por la ciencia médica se encuentran las siguientes:

- Enfermedades de origen materno: son las más frecuentes y se pueden mencionar a las infecciones de las vías urinarias, enfermedades renales, cardíacas, diabetes, anemias severas y alteraciones tiroideas no tratadas.
- Enfermedades propias del embarazo: entre las más comunes, tenemos a la preeclampsia, un tipo de diabetes gestacional que puede inducir a la mujer a un parto prematuro
- Factores uterinos: se pueden presentar miomas uterinos, cuello uterino incompetente, mala implantación de la placenta, malformaciones del útero, entre otros, los cuales podrían forzar un parto prematuro.
- Edad de la gestante: si la gestante es menor de 16 años o mayor de 35, las probabilidades de un parto adelantado aumentarán.
- Factores socioeconómicos: estos factores pueden verse reflejados en una mala nutrición y condiciones materiales precarias, que influyan en un parto prematuro.
- La salud del bebé: si se le ha diagnosticado al bebé

enfermedades que requieren de un tratamiento urgente, como la rubeola o ciertas malformaciones, el médico puede estimular un parto prematuro.

Síntomas frecuentes del embarazo prematuro

- Presión sobre el pubis y el periné.
- Dolor en la zona lumbar.
- Punzadas o sensación de vacío en la zona vaginal profunda.
- Flujo vaginal levemente sanguinolento.
- Rotura de bolsas de agua.
- Hemorragias.

Ante la presencia de cualquiera de estos síntomas, la gestante debe acudir inmediatamente a su centro de salud.

¿Cómo evitar que el bebé nazca antes de tiempo?
Lo principal forma de prevenir un parto prematuro es mediante el reposo y la medicación adecuada. Si es imposible detener el parto, es de suma importancia que la atención del mismo se realice en un centro médico con la logística necesaria para la solución de cualquiera de las complicaciones que se pueden presentar durante un parto de esta naturaleza.

INTERVENCIONES MÉDICAS DURANTE EL TRABAJO DE PARTO

En la etapa del alumbramiento, el obstetra puede realizar los siguientes procedimientos:

Episiotomía: es una intervención quirúrgica que se realiza justo antes del parto, en el área muscular que está entre la vagina y el ano (llamada perineo) para ampliar la apertura vaginal. Aunque durante muchos años, los médicos afirmaron que este procedimiento era inocuo y se aplicaba rutinariamente, estudios recientes han señalado que es preferible realizarlo solo en casos donde resulte indispensable para el alumbramiento.

Amniorexis: rotura artificial de la bolsa de agua. Es uno de los procedimientos más comunes en obstetricia. Se practica con el objetivo principal de aumentar las contracciones y, por tanto, de disminuir la duración del parto.

Uso de fórceps: el fórceps es un instrumento quirúrgico que se utiliza para facilitar la salida de la cabeza del bebé del canal del parto, cuando surgen determinadas complicaciones. Aunque su uso solía ser muy frecuente, hoy en día solo se utiliza en casos muy concretos.

El parto de cesárea: es una intervención de carácter quirúrgico que se practica para extraer al bebé y la placenta del útero materno, cuando, por alguna razón, el parto natural no es posible. Ocurre con bastante frecuencia, ya que, según las estadísticas, uno de cada cuatro bebés son alumbrados de esta manera.

En la etapa de la expulsión, el obstetra puede realizar los siguientes procedimientos:

- Expulsión artificial: consiste en retirar manualmente la placenta, una vez que la mujer se encuentra sedada.
- Revisión uterina: consiste en la búsqueda táctil de los residuos de la placenta en el útero. Esta práctica ha caído en desuso en muchos países, debido a que puede ser materia de infecciones para la madre.

LAS COMPLICACIONES DEL PARTO

Las complicaciones del parto pueden presentarse durante cualquiera de los periodos del parto descritos anteriormente. Estas complicaciones requieren de una intervención rápida y eficaz para evitar el daño en la madre y en su bebé. Aunque la mayoría de los partos transcurren y culminan sin mayores eventualidades, dar a luz no está carente de riesgos; en tal sentido, pueden darse algunos problemas puntuales, conocidos o imprevisibles, que tendrán solución mediante la intervención urgente de instrumentalización (fórceps, ventosa) o el nacimiento por cesárea.

Las complicaciones más frecuentes del parto

Contracciones ineficaces
En algunos partos, puede darse el caso de que las contracciones no sean suficientemente fuertes como para dilatar el cuello del útero, lo cual dificulta enormemente la salida del feto. Otras veces ocurre que las contracciones son más intensas en la parte inferior del útero que en la parte superior, lo cual imposibilita la salida del feto. Para avivar las contracciones se emplea oxitocina. Si con eso no basta, el médico se verá obligado a emplear fórceps o ventosa. En ocasiones, optará por practicar una cesárea para prevenir cualquier riesgo.

Sufrimiento fetal
Este tipo de percance consiste en un descenso o interrupción del flujo de oxígeno por complicaciones en el parto del tipo prolapso de cordón (cuando aparece el cuello uterino antes que el bebé, problemas en la placenta, presencia de meconio en el líquido amniótico, etc.).

La posición del feto
La posición del feto más propicia para el parto es aquella en la que el feto se encuentra boca abajo, mirando hacia la espalda de su madre. Cuando, por diversas causas, el feto no logra posicionarse de este modo, lo más habitual es practicar una cesárea a la embarazada para evitar, de este modo, poner en peligro la vida de su hijo.

Parto prolongado
Se considera que un parto es prolongado (excesivamente largo), cuando supera las catorce horas en madres primerizas, y las nueve en mujeres que ya han parido antes. Estos datos, sin embargo, son meramente orientativos, pues hay otros factores que entran en juego (una cesárea anterior, por ejemplo). En casos de este tipo el médico hará uso de fórceps o, en última instancia, practicará una cesárea a la embarazada. Ante todo, conviene evitar que la prolongación del parto dé lugar a la fatiga de la madre o al sufrimiento del feto.

CAPÍTULO
6

NACE EL BEBÉ

GRITO DE VIDA
Aunque, conforme va creciendo, los gritos del bebé suelen resultar incómodos, al momento del nacimiento, el grito de bebé representa un motivo de júbilo total, pues comprueba que este nació con vida.

En cuanto la cabeza del recién nacido sale al aire libre, empieza a llorar y a respirar. Es el primer grito de inspiración. Cuando abre la boca, el aire entra en sus pulmones y los movimientos de los músculos respiratorios del tórax impulsan este aire de vuelta a los pulmones.

Los pulmones se encuentra libres, ya que el líquido amniótico que los llenaba durante la vida uterina en gran parte ya se ha eliminado al pasar por las estrechas vías genitales de la madre. A veces, el recién nacido grita durante unos segundos antes de que la enfermera lo ponga sobre el vientre de su madre; a veces grita unos segundos después. Este grito de inspiración puede ser, en ocasiones, un quejido leve, ya que en los pulmones del recién nacido todavía hay un poco de líquido amniótico y flemas.

Los bebés suelen gritar al nacer como un síntoma de adaptación a la vida fuera del útero. En cuanto sale del vientre materno, el recién nacido percibe muchas sensaciones, como el frío y el contacto directo con lo que le rodea, lo cual, por un reflejo nervioso, le provoca una reacción muscular que se traduce en el primer grito.

CORTANDO EL CORDÓN UMBILICAL

El tema del corte del cordón umbilical se convirtió en el centro de una polémica hace unos años. Comúnmente, el corte del cordón umbilical se realizaba durante los primeros 15 segundos de vida del bebé. No obstante, estudios recientes arrojan que, evaluar previamente el estado de la madre antes de cortar el cordón umbilical, resulta más conveniente para evitar distintos tipos de hemorragias e infecciones.

CUIDADO DEL RECIÉN NACIDO EN LOS PRIMEROS INSTANTES DE VIDA

Ni bien el bebé sale del vientre de la madre para adaptarse a su nuevo entorno, es cubierto para evitar que pierda la temperatura que lo mantenía caliente durante la gestación. Luego, se procede a limpiarlo y secarlo. Se le revisan los signos y órganos vitales, descartando malformaciones evidentes; finalmente se procede a cortar el cordón umbilical y colocarle la cinta de identificación.

CARACTERÍSTICAS FÍSICAS DEL RECIÉN NACIDO

Un recién nacido sano, pesa alrededor de los dos kilos y medio y los cuatro kilos, y mide alrededor de 50 centímetros. Entre otros aspectos, esto puede variar según el mes de gestación en el que nació o según la alimentación recibida por parte de la madre.

El cuerpo del recién nacido es tibio y la piel está cubierta de una sustancia grasa y blanquecina que se llama vérnix caseosa (es producida por la piel del feto en la última etapa del embarazo y sirve para proteger la piel). Presenta, también, una fina capa de vello en brazos, piernas y espalda llamado lanugo. Tanto la vérnix caseosa como el lanugo irán desapareciendo con el tiempo.

El color del recién nacido, que puede ser ligeramente azulado, irá volviéndose rosado durante los primeros minutos. Las manos y los pies pueden tener un tono blanquecino o azulado durante unas horas más. Es importante mantener bien abrigado al recién nacido y mantener un contacto piel con piel con la madre.

El tamaño de su cabeza es proporcionalmente más grande que el resto del cuerpo. En los partos naturales, la cabeza puede adoptar una forma alargada debido al paso del bebé por el canal del parto. Con el paso de los días deberá recuperar su forma normal. En su rostro, es posible reconocer cierta hinchazón en los ojos y los labios, la cual también, deberá desaparecer con el transcurso de los días.

EL TEST DE APGAR

El test de Apgar es una prueba de evaluación del cuadro de vitalidad de un recién nacido, minutos después del parto, en la cual se evalúa el color del cuerpo, el tono muscular, los reflejos y la actividad cardíaca, y respiratoria del neonato. Se valora a través de una puntuación determinada al minuto de nacer, a los cinco minutos y, a veces, a los diez. La puntuación varía de 1 a 10, dependiendo de las respuestas que ofrezca el bebé en el momento de la exploración. Cuando la puntuación en alguno de los tiempos es muy baja, es posible que el médico a cargo indique que el bebé sea observado en una incubadora durante las primeras horas de vida.

Concretamente, la medición propuesta en el test de Apgar se expresa de la siguiente manera:

- Frecuencia cardíaca: evalúa la frecuencia del latido del corazón
- Respiración: revela la madurez y la salud de los pulmones. La respiración puede ser normal, lenta o nula.
- Tono muscular: mide la fuerza de los movimientos y flexión de las extremidades.
- Irritabilidad refleja (respuesta a estímulos): llorar y hacer muecas puede mostrar que el bebé responde bien a estímulos.
- Color: muestra el grado de oxigenación. Una piel rosada determina un muy buen grado de oxigenación.

EL PRIMER ALIMENTO DEL BEBÉ

Por lo general, un bebé recién nacido se encuentra ansioso por recibir el alimento materno, motivo por el cual, los pediatras recomiendan que sea amamantado a la brevedad posible. El reflejo natural de succión de un bebé recién nacido se encuentra generalmente en su punto más intenso entre los 20 o 30 minutos después de nacer, siempre y cuando no se encuentre adormilado a causa de los medicamentos o la anestesia empleada antes y durante el parto.

Es importante que el recién nacido se alimente inmediatamente después del parto, no solo porque ayuda a que la lactancia tenga un buen comienzo, sino que, adicionalmente, propicia que el útero se contraiga, reduciendo la posibilidad de una hemorragia. De igual manera, acelera la expulsión natural de la placenta.

EL DESARROLLO DEL METABOLISMO DEL BEBÉ EN SUS PRIMEROS DÍAS DE VIDA

Durante sus primeros días de vida, el metabolismo del bebé presentará ciertos fenómenos que se pueden manifestar como vemos a continuación.

Aspecto del meconio y deposiciones de transición

Durante los primeros días, las deposiciones van cambiando de color, consistencia y frecuencia. El meconio (como se llama a las primeras heces del recién nacido), que al comienzo es de color café verdoso muy oscuro, casi negro, va cambiando a un color café más claro. Entre el tercer y cuarto día, las deposiciones adquieren el típico color amarillo oro, producto de la alimentación del pecho materno. A partir del segundo y tercer día es frecuente que el niño haga sus deposiciones cada vez que es colocado al pecho. Lo hará con bastante ruido, expulsando deposiciones semilíquidas y espumosas. Es importante explicar a la madre que esto es normal.

Ictericia

La ictericia es un fenómeno natural que ocurre en diverso grado en la mayoría de los recién nacidos, durante los primeros días de vida. Se manifiesta por una coloración amarillenta en la piel del bebé. No se trata de una enfermedad y, solo en casos excepcionales, es patológica. Sin embargo, es también importante que se sepa que, excepcionalmente, la ictericia puede ser intensa y que las cifras de bilirrubina pueden llegar a cifras potencialmente peligrosas para el bebé. La madre, debe saber que, en caso de que la ictericia aumente, debe consultar al médico para que sea evaluada y se considere un tratamiento preventivo.

Evolución del peso
En los primeros días, es normal que se produzca una pérdida de peso. Este es un hecho fisiológico dentro de cierto margen. Se acepta como normal un descenso entre el 7 y 10% del peso de nacimiento. Este se recupera alrededor del séptimo día. Si al décimo día no se ha logrado esto, el bebé requerirá un especial refuerzo de la lactancia y se evaluará la necesidad de darle vitaminas, según la importancia de la baja de peso y las condiciones clínicas del niño. Los niños que nacen con menos de tres kilos, generalmente bajan menos; los que superan cuatro kilos pueden bajar más y demorarse un mayor tiempo en recuperar su peso de nacimiento.

LA IMPORTANCIA DEL EXAMEN PREVENTIVO
Antes de ser dados de alta la madre y el bebé, se le realiza a este último un examen considerado como preventivo, el cual resultará útil para detectar varios tipos de afecciones que podrían afectarlo durante su infancia. La realización de este examen, supone extraer una muestra de sangre del recién nacido donde pasa al laboratorio para luego ser comparada con otra muestra igual.

Las muestras se pueden tomar durante la primera semana de vida del bebé, por lo que se le conoce como «la prueba del séptimo día». En promedio, se estima que este examen arroja alrededor de un 99% de resultados negativos, no obstante, su realización es de suma importancia.

Este tipo de prueba suele complementarse con la información de los antecedentes de enfermedades familiares que los padres le brindan al médico.

INSPECCIÓN INTEGRAL DEL RECIÉN NACIDO

Una adecuada inspección general del recién nacido debe comprender una valoración completa del crecimiento y nutrición prenatales del niño, así como de su madurez alcanzada. A continuación, se procede a evaluarlo físicamente en un ambiente especialmente acondicionado para ello, dentro del hospital.

Señalaremos los aspectos que suelen considerar en este tipo de evaluación médica:

La postura

El recién nacido acostumbra descansar en posición fetal, con la cabeza ligeramente vuelta hacia un lado. En reposo se presenta con sus extremidades flexionadas y las manos empuñadas. La postura también está influenciada por la posición intrauterina, por ejemplo, luego de un parto en presentación podálica, presenta sus muslos contraídos sobre el abdomen. El bebé prematuro presenta una postura de mayor extensión a menor edad gestacional.

Color y textura capilar

Usualmente es de un color rosado y suave. Eventualmente, puede presentarse cianosis localizada de manos y pies (acrocianosis) que normalmente desaparece después de varios días. Es normal una descamación discreta de la piel. Si se aprecia ictericia significa que la bilirrubina está al menos sobre cinco miligramos. En el caso del bebé prematuro, la piel es muy delgada, casi transparente; roja, con muy poco tejido subcutáneo. La inspección del bebé debe continuarse con la observación de su color, tomando en cuenta su palidez, hemorragias, erupciones o manchas de nacimiento.

Los siguientes son los principales términos con los que se designa a las particularidades que puede presentar un recién nacido en la piel:

- *Vermix Caseoso:* (Unto sebáceo) es un material graso blanquecino que puede cubrir el cuerpo, especialmente en el bebé prematuro.

- *Lanugo:* pelo fino que puede estar presente sobre los hombros y dorso.

- *Mancha mongólica:* manchas de color azul pizarra, con frecuencia grandes. Se ubican en dorso, nalgas o muslos, son benignas y no tienen significado patológico.

- *Eritema tóxico:* erupción que puede confluir con algunas vesículas pequeñas. Su distribución es variable, pero preferentemente se ubica en el tronco y las extremidades. Aparece en los tres primeros días y desaparece cerca de la semana. No tiene significado patológico.

- *Petequias y equimosis:* pueden observarse petequias en la cabeza y el cuello. Están asociadas al uso del cordón umbilical. Si son generalizadas y se presentan con equimosis, debe sospecharse ciertas alteraciones de la coagulación que merecen atención profesional.

- *Erupciones:* la piel del recién nacido se irrita con facilidad, debido al gran número de agentes físicos y químicos. En consecuencia, son frecuentes las erupciones, pero suelen ser pasajeras y no siempre es fácil identificar la causa específica. En algunos casos no se trata de un proceso infeccioso y no requerirá tratamiento.

La cabeza

- **Forma y tamaño:** es grande en relación al resto del cuerpo; habitualmente presenta una deformación plástica con grados variables de cabalgamiento óseo, debido a su adaptación al canal de parto, excepto en aquellos nacidos por cesárea.

- **Fontanelas:** la fontanela anterior varía en tamaño entre uno y cuatro centímetros de diámetro, es de contextura blanda. La posterior es pequeña, de forma triangular; habitualmente mide menos de un centímetro.

- **Caput succedaneum o bolsa serosanguínea:** corresponde al edema del cuero cabelludo por la presión del trabajo de parto. Se extiende sobre las líneas de sutura y puede ser extenso.

- **Moldeamiento:** puede ocurrir por flexibilidad de las suturas y la relativa blandura de los huesos craneales. El cabalgamiento de los huesos craneales puede ocurrir en las líneas de sutura para posibilitar tal moldeamiento. Estos tipos de deformaciones exigen un cambio de forma en los vasos sanguíneos subyacentes, algunos de los cuales pueden romperse. En ausencia de signos de disfunción cerebral o de aumento de la presión intracraneal, la forma del cráneo debería normalizarse en unos días.

- **Las fontanelas:** son zonas más amplias de tejido fibroso, las cuales se encuentran presentes en la unión de dos o más suturas. Las fontanelas anterior y posterior se hallan en cada extremo de la sutura sagital.

- **Cefalohematoma:** es una colección de sangre alterada por debajo del periostio de uno de los huesos de la bóveda craneal.

- **Los lunares:** por lo general, se trata de particularidades congénitas de cada bebé, aunque también pueden aparecer a lo largo de los años. La mayoría de los lunares son pigmentaciones benignas, pero desde hace algunos años, sabemos que hay que prestar atención a su aspecto y tacto para saber si se trata de una patología que requiere tratamiento médico.

El pelo y las uñas

En algunos casos los bebés nacen sin pelo, mientras que en otros lo presentan en abundancia. Ni el color, ni la cantidad de pelo del recién nacido son permanentes y, hasta que no pasen unos meses, no se conocerá el tipo de pelo ni su color. Los especialistas no recomiendan cortar el cabello para que crezca más fuerte, porque podemos exponerlo a una pérdida importante de calor corporal y esto puede ser peligroso para su salud.

En lo que concierne a las uñas de los recién nacidos, encontramos que suelen ser suaves y flexibles. Es importante mantener las uñas del bebé limpias y recortadas. Los bebés recién nacidos aún no tienen control de los movimientos y pueden arañarse o herirse la piel.

Sistema neurológico
En un examen neurológico se deben evaluar una serie de factores, como la simetría de movimientos, postura y tono muscular. Una asimetría puede indicar lesiones neurológicas. Los niños prematuros son hipotónicos respecto a los niños que concluyeron el periodo del embarazo. La respuesta normal del recién nacido al ser manipulado suele ser el llanto. Este tipo de evaluación, asimismo, nos ayuda a determinar el nivel de madurez del bebé y su estado de salud en general.

Para que el examen se desarrolle de manera óptima, es recomendable tomar en cuenta las siguientes consideraciones:

- Cuidar la temperatura y la comodidad del bebé, el tiempo que dure la prueba.
- Realizar la evaluación en un momento en que el recién nacido se encuentre tranquilo, sin ninguna necesidad biológica que lo apremie.
- A menos que surja una emergencia que lleve al médico a solicitar el examen de manera inmediata, esta prueba se efectúa, habitualmente, cuando el recién nacido ha completado el tercer día de vida.

NIÑOS SANOS: DESCARTANDO POSIBLES ANOMALÍAS
Aunque muchos la consideren mera rutina, lo cierto es que las evaluaciones tempranas del recién nacido han llegado a ser de gran utilidad para muchos padres cuyos hijos sufrían de diversos tipos de anomalías congénitas. Revisemos a continuación, cuales

son las principales test que se les realiza a los recién nacidos para descartar estas afecciones.

La cadera

Esta articulación es una de las primeras que se toma en cuanta al momento de llevar a cabo una evaluación integral del recién nacido. La prueba se realiza estabilizando la pelvis del niño con una mano, mientras que con la otra se sostiene el fémur izquierdo entre el pulgar y el índice. Con el fémur mantenido verticalmente, se aplica presión hacia abajo y afuera; luego, el fémur es llevado hacia adelante, presionando conforme se va reintegrando al acetábulo.

El resultado de esta evaluación puede llevarnos a diferentes situaciones en particular. Una de ellas es que se le diagnostique al bebé tener «caderas inestables», lo cual se traduce en presencia de inestabilidad en la articulación, la cual puede manifestarse desde el primer día de vida. En la mayoría de los casos, las llamadas «caderas inestables», suelen normalizarse con el correr de los primeros días de vida del bebé. De diagnosticársele al bebé de tener «caderas inestables», requerirá una nueva evaluación cuatro días después. De persistir la anomalía, se deberá iniciar una supervisión constante, seguida de algún tratamiento, según como lo considere el doctor.

Otro diagnóstico posible es la «luxación de cadera», lo cual significa que la cadera del recién nacido se encuentra en posición luxada sin recibir presión alguna. Este panorama puede ser señal de una luxación congénita.

La prueba del talón

También conocida como «test de Guthrie», es una prueba que se le realiza al recién nacido durante sus primeros días de vida, con el objeto de detectar posibles enfermedades congénitas y trastornos sin síntomas visibles, pero que pueden derivar en complicaciones a largo plazo.

La prueba en concreto consiste en practicar un pequeño pinchazo en el talón del neonato entre el segundo y el tercer día de vida;

procedimiento que ha de repetirse al cuarto y al séptimo día. De esta evaluación se obtienen unas cuantas gotas de sangre, que son extendidas en un papel tamiz especial (tarjeta de Guthrie), y se envían al laboratorio. Ahí se analizan algunos de los factores que indican las alteraciones. De resultar positiva la prueba, los médicos deben iniciar tratamientos cuanto antes.

Algunas de las alteraciones que se pueden encontrar o descartar, a través de la prueba del talón son:

- La fibrosis quística.
- La hiperplasia suprarrenal congénita.
- El déficit de biotinidasa.
- La galactosemia.
- La hemoglobinopatía.
- Anemia.

ANOMALÍAS AUDITIVAS EN EL RECIÉN NACIDO

La mayoría de casos de patologías auditivas en los bebés suelen deberse a causas congénitas, aunque también es posible que estas aparezcan en los días posteriores al parto. La pérdida de la audición se presenta con mayor frecuencia en los bebés prematuros o con problemas respiratorios que debieron utilizar respirador artificial durante un tiempo prolongado; también se encuentran en riesgo de sufrir esta deficiencia los bebés que han contraído infecciones previas y los que toman ciertos medicamentos.

De no ser evaluado tempranamente, es imposible descubrir esta pérdida de la audición antes del primer año de vida del bebé. Si esto sucede, no habrá estimulación de los centros de la audición del cerebro y, como consecuencia, es posible que resulten afectadas la maduración y el desarrollo de la audición y se produzca un retraso del habla y el lenguaje del niño. También pueden verse perjudicados en sus habilidades sociales y en su desempeño académico. Una evaluación completa comprenderá la revisión, tanto de los conductos auditivos externos, como el tipo de desarrollo y posición de los pabellones auriculares.

Los trastornos auditivos que se pueden presentar en el recién nacido, debido a factores congénitos son los siguientes:

- Anomalías del pabellón auditivo (parte externa del oído).
- Anomalías de la membrana timpánica (tímpano).
- Anomalías del conducto auditivo externo.
- Anomalías de los huesos (tres diminutos huesos que transmiten las ondas sonoras al oído medio).

EL ALTA DE LA MADRE

En el caso de los partos que no han presentado mayores complicaciones, lo más habitual es que la orden de alta de la madre se emita entre las 48 a 72 horas posteriores al parto. Para ello, es preciso efectuar una última evaluación al bebé, poniendo especial detalle en los aspectos que señalamos a continuación:

- Presencia de ictericia.
- Otras alteraciones de la piel, como piodermia, erupciones.
- Examen cardíaco, presencia de soplos, cianosis, pulsos. Hay que considerar que algunas cardiopatías estructurales no dan soplo en el primer día de vida.
- Evaluación del peso y lactancia. Reflujo alimentario, dificultades en la lactancia, deposiciones.
- Cordón umbilical: signos de infección.
- Abdomen, caderas: verificar concordancia con los resultados del primer examen.
- Presencia de fenómenos parafisiológicos.

CAPÍTULO 7

El BEBÉ EN CASA

LA PRIMERA SEMANA

Luego de que la mujer haya sido dada de alta, le corresponde a la pareja adaptarse a la vida en familia, junto al recién nacido. Durante la primera semana posparto, la pareja (en especial si es primeriza) tiende a experimentar muchos cambios emocionales, los cuales pueden oscilar entre euforia, sentimientos de insuficiencia y frustración. Al brindarle las primeras atenciones en casa al bebé, los padres deben considerar un cuidado especial en temas como el baño, el cambio de pañal, los gases que aquejan al neonato; no lastimar sus zonas sensibles como los ojos, nariz, uñas y extremidades.

Aunque esta semana puede resultar agotadora para muchas parejas, suele resultar fundamental para adaptarse al estilo de vida que significa la paternidad de un bebé pequeño. Lo más aconsejable es que la madre, e incluso la pareja, cuenten con algún tipo de ayuda para poder sobrellevar los quehaceres de la primera semana con la rutina laboral (en el caso del padre).

LA ALIMENTACIÓN DEL RECIÉN NACIDO

Si algo en lo que suelen coincidir prácticamente todos los especialistas en materia de salud y nutrición, es que la lactancia es el mejor alimento que puede recibir un bebé durante los primeros seis meses de nacido. Con excepción de situaciones especiales en las que la madre puede ser transmisora de algún tipo de enfermedad, lo más lógico es que sea ella quien se encargue directamente de la lactancia de su hijo.

Dando de lactar al bebé

La lactancia se puede efectuar directamente del pecho de la madre al bebé; también se puede realizar extrayendo la leche de los senos y colocándola en un biberón. Los médicos recomiendan amamantar durante un año como mínimo al bebé.

Consejos para dar de lactar

- Mantenerse calmada y relajada, evitando las distracciones o perturbaciones. Además, resultará útil disponer de agua o jugo cerca, ya que a la mayoría de las mujeres les da sed cuando están amamantando.
- Contar con dos o tres almohadas para ayudar a sostener al bebé mientras se está amamantando. La cabeza se apoya contra la almohada y se puede usar un taburete para elevar los pies. Esto ayudará a la madre y al bebé a estar más cómodos durante la alimentación.
- Asegurarse de que la cabeza y el pecho del bebé estén alineados de forma recta y se encuentren orientados hacia su seno.
- Intentar que el bebé enganche correctamente la boca en el pecho de la madre. Cuando la boca del bebé esté abierta, acerque a ella el pezón y la areola (el círculo oscuro alrededor de su pezón) antes de que la cierre.
- El proceso de amamantar al bebé dura aproximadamente entre 15 a 20 minutos, cada dos o tres horas, dependiendo de la sugerencia del pediatra o las necesidades del neonato.
- Al terminar de dar de lactar al recién nacido, siempre se le debe palmear suavemente la espalda para que arroje los gases.

Beneficios de la lactancia

- Es inmediata y no requiere de aditivos adicionales ni representa un costo adicional.
- Es pura y libre de gérmenes al proceder de una madre sana.
- Posee la composición ideal para el bebé y se adapta, variando la proporción de nutrientes, a medida que el niño crece.
- Es rica en hierro, el cual se absorbe mejor que el de la leche artificial y su proporción de calcio/fósforo es más concentrada.
- El bebé la digiere muy bien, sin inconveniente alguno.
- Los bebés que son amamantados padecen menos estreñimiento.
- Protege al niño de infecciones (bronquitis, gastroenteritis, otitis, meningitis) porque la leche materna es rica en nutrientes inmunológicos
- Protege de la muerte súbita del lactante.
- Protege de enfermedades futuras: asma, alergia, obesidad, diabetes, colitis ulcerosa, Crohn, arterioesclerosis e infarto de miocardio.
- Favorece el desarrollo intelectual y de la visión, debido a que esta leche es rica en ácidos grasos.
- Los bebés alimentados por medio de la lactancia tienen menos caries y deformaciones dentales.

Algunas consideraciones prácticas

Por lo general, los pechos de la madre se llenan por completo, por lo que debe balancear y conocer cada cuánto tiempo darle de lactar a su hijo. Es necesario utilizar una buena técnica para que ninguno de los pechos se quede lleno. Se recomienda ubicar el pezón en el labio inferior del bebé y tener cuidado para que el bebé no se lastime con la posición de la madre; asimismo, el pezón debe estimular a que el niño abra su boca y pueda entrar por completo.

¿Cómo sostener adecuadamente el pecho?

Lo más usual es abrir la mano y cogerlo sin cerrar el puño ni ejercer presión. Lo que se recomienda es que abran la mano y puedan cogerlo de forma abierta, sin mucha fuerza para no dañar el seno.

En cuanto a la posición más adecuada para sostener al bebé mientras se le da de lactar, esta puede variar dependiendo de la madre. A continuación, algunas de las más referentes:

- Agarre de cuna: es una posición bastante frecuente, que requiere colocar la cabeza del bebé en el hueco del brazo de la madre. La mujer ha de sentarse en una silla que tenga unos brazos bien firmes o en una cama con muchas almohadas. El bebé es colocado sobre el regazo de la madre (o sobre una almohada colocada en su regazo) de modo que quede tumbado sobre un lado y con la cara mirando hacia la madre. Esta posición es recomendada para bebés que han nacido por parto natural, ya que en el caso de los nacidos por cesárea, esta manera de amamantar podría ejercer mucha presión sobre el abdomen de la madre cesareada.

- Agarre cruzado: esta posición también es denominada «agarre de cuna cruzada», aunque difiere del anterior en que la cabeza del bebé no queda apoyada en el hueco del brazo de la madre, sino que los brazos intercambian sus papeles. Si está dando el pecho con el seno derecho, se utiliza la mano y brazo izquierdo para sujetar el bebé. El brazo de la madre se coloca detrás de la cabeza del bebé, debajo de sus oídos.

- Agarre de posición reclinada: esta posición se efectúa colocando una almohada bajo la cabeza, los hombros y entre las rodillas flexionadas. El fin de esta posición es que la espalda y las caderas formen una línea recta, manteniéndose en reposo. El bebé se coloca enfrente de la madre, dejando reposar su cabeza sobre la mano del brazo inferior de la madre. Para que esté más alto el bebé, se le puede colocar una almohada debajo de la cabeza. Esta posición es ideal para que el bebé y la madre, se encuentren relajados.

Contraindicaciones de la lactancia

- Si la madre es contagiada de VIH.
- En algunos casos relacionados a cierto tipo de leucemia.
- Si la madre, por el motivo que fuese, no cuenta con las condiciones de higiene indispensables.
- En el caso de enfermedades del metabolismo, como la galactosemia, que es la incapacidad de los bebés para absorber la lactosa, la cual termina almacenándose en órganos inadecuados.
- Madres que han sido diagnosticadas con cáncer durante el embarazo; esto debido al tipo de medicación que toman.
- En el caso de que la madre tenga hábitos nocivos, como el alcohol, tabaco o drogas.

Algunos inconvenientes de la lactancia

Aunque la lactancia es el sistema ideal por excelencia para alimentar al recién nacido, no está de más conocer algunos posibles inconvenientes que se pueden presentar:

- La madre, al ser la única que puede amamantar al bebé, tendrá ciertas limitaciones en sus tareas diarias, principalmente si trabaja. Deberá tener en cuenta que esta actividad formará parte de su vida dentro de los siguientes dos años o menos.
- En muchas ocasiones resulta incómodo amamantar a un bebé en un lugar público, pero la realidad es que este aspecto ha venido perdiendo peso debido a la misma madurez de la sociedad con el paso del tiempo.
- En caso de padecer fiebres altas o algún otro tipo de malestar, la madre no podrá amamantar al bebé.
- En algunos casos, puede que el bebé tenga cierta dificultad para realizar adecuadamente el proceso mismo de la lactancia, lo cual se manifestará en un

aumento de peso bastante lento. De presentarse este caso, lo mejor es acudir con el pediatra o nutricionista, para que nos indique si es necesario o no, complementar de algún modo la alimentación del bebé.

Insuficiencia de leche materna

Afortunadamente, la naturaleza suele proveer a la madre del alimento necesario para alimentar adecuadamente a su bebé durante sus primeros meses de vida. Sin embargo, en base a los estudios empíricos, se encuentra que el 2% de las mujeres presentan una cantidad insuficiente de leche como para brindarle a su hijo una nutrición óptima. La baja producción de leche puede ser el resultado de diversos factores, que usualmente son mal interpretados.

La percepción de baja producción de leche es una interpretación frecuente de la madre, en base a la intranquilidad que pueda persistir en el bebé, después de haber sido amamantado. Igualmente, la falta del peso idóneo para su edad, suele despertar alarmas en las madres, respecto a una posible insuficiencia de leche.

El nivel de leche a los cinco días después del parto, puede variar desde 7 onzas a 32 onzas de leche en el primer día de vida. Las siguientes tres a cinco semanas, la producción de leche se ajusta o amolda según las necesidades del bebé, aumentando en la mayoría de los casos, y en otros disminuyendo.

La producción de leche materna, por lo tanto, puede verse limitada por las siguientes causas:

- El uso de pastillas anticonceptivas con estrógeno.
- El dejar demasiado espacio de tiempo entre una toma y otra.
- El uso frecuente de biberones.
- La presencia de un trauma emocional.
- Determinadas enfermedades.
- La atención, el exceso de trabajo, el estrés.

Aunque habrá situaciones en las que se requiera complementar la nutrición del bebé de otra manera, existen algunos objetos que ayudan a optimizar el proceso de la lactancia.

- Sacaleches: es un instrumento práctico que sirve para extraer la leche, estimula su producción. También sirve para vaciarla en un recipiente o biberón.
- Pezoneras: sirven para proteger los pezones, ya que estos tienden a lastimarse.
- Empapadores de leche: son discos de celulosa que recogen la leche que fluye del pecho; ayudan a que no se manche la ropa interior ni la blusa.

Asimismo, para aumentar la producción de leche materna, los nutricionistas recomiendan que la gestante incluya en su dieta alimentos a base de harina de avena, así como la toma de cápsulas de fenogreco.

El fenogreco es una hierba que ayuda a elevar la producción de leche. Se comienza con una cápsula diaria durante unos días, luego aumenta a tres por día (una tres veces al día) y finalmente se toma un par, tres veces por día, hasta que se alcance el flujo ideal de leche.

LACTANCIA ARTIFICIAL
A pesar de que los médicos y las principales asociaciones mundiales de la salud, destacan la lactancia materna como el medio más adecuado para alimentar al recién nacido, la realidad nos muestra que por diferentes motivos (enfermedades, falta de tiempo, condiciones de salubridad deficientes) no siempre es posible suministrarle el alimento al bebé de esa manera.

En base a eso, el uso del biberón se torna muy necesario para algunas madres que no pueden amamantar a sus hijos. Aunque comúnmente llamamos lactancia artificial a la que implica el uso de un biberón, cabe señalar que este término presenta ciertas ambigüedades:

- En primer lugar, la leche en biberón puede ser leche natural, extraída directamente del seno de la madre, con el fin de no tener que darle el alimento de manera directa al bebé. Esto sucede cuando la madre debe dar de lactar en un sitio público o debido a algún malestar que pueda ocasionarle la succión del niño.

- En segundo lugar, la leche suministrada en biberón puede encontrarse dentro del rango considerado como «lactancia mixta». Este término hace alusión a la combinación de leche materna con leche artificial en un mismo biberón, con el fin de darle un mayor soporte vitamínico.

- En tercer lugar, podemos señalar que una «lactancia artificial», propiamente dicha, involucra necesariamente el uso del biberón y de una leche artificial en su totalidad, la cual es conocida como leche de fórmula.

Leche de fórmula

La leche de fórmula suele ser una buena alternativa para aquellas madres que no pueden amamantar directamente a su bebé. Las fórmulas para lactantes se preparan tratando de imitar la leche materna y son diferentes de la leche de vaca normal: las proteínas son parcialmente desnaturalizadas para que sea más digerible; tiene niveles de calcio, fósforo y otros minerales más adaptados a las necesidades del lactante y sus capacidades fisiológicas; está prácticamente libre de colesterol; sin embargo, no tiene las propiedades inmunitarias de la leche materna. El bebé que se encuentra dentro de los primeros seis meses de nacido debe tomar «fórmula de iniciación».

La cantidad de fórmula que se ha de utilizar, variará en función de la marca que compremos, sin embargo, de manera general, su preparación consiste de los siguientes pasos:

- Desinfectar el biberón y la tetina.
- Llenar el biberón o jarra de mezcla con agua hervida.

- Verter sobre el agua la medida de fórmula indicada.
- Comprobar la temperatura de la leche, vertiendo unas gotitas en la muñeca.
- Verificar que el bebé está absorbiendo el líquido correctamente y que no está tomando aire.
- Repetir la operación con un promedio de tres o más horas, según la necesidad del bebé.

TODO SOBRE EL BIBERÓN

Tipos de biberón

Cualquiera de los biberones que se venden comercialmente están homologados y no existen diferencias significativas entre ellos. Por tanto, no tiene mucha relevancia el tipo de material del que estén formados, aunque los de vidrio son más fáciles de limpiar. El agujero de la tetina debe permitir una salida lenta de la leche en forma de goteo continuo, pero no de chorro, lo que disminuirá el riesgo de atragantamientos. Resulta aconsejable revisar periódicamente los biberones. Las tetinas, usualmente, se rompen con el uso, sobre todo a partir del inicio de la dentición y deberán ser sustituidas. En el caso de los biberones, aparte de la posibilidad de rotura, es muy importante que sean bien visibles las rayas de medición, para que no haya errores con las medidas en el momento de preparar la leche.

La limpieza del biberón

La higiene es fundamental a la hora de preparar el biberón del niño. Hasta los cuatro meses es pertinente esterilizar todo el material relacionado al alimento del bebé. Aunque el método más seguro para mantener la limpieza del biberón es su esterilización en agua hervida por espacio de 10 a 15 minutos, el lavado con agua caliente, detergente y un cepillo adecuado, son también útiles para mantenerlo libre de las bacterias diarias, limitando la esterilización a una vez por semana o cada 15 días.

Complementos nutricionales de la lactancia

Durante el desarrollo del presente capítulo, hemos dejado en claro la importancia fundamental de la leche materna como único alimento del recién nacido. No obstante, es innegable que existen casos en los que la leche materna no será suficiente para garantizar el buen estado de salud del bebé. En estos casos, que pueden comprender la insuficiencia de leche o la inmadurez del bebé (los nacidos por parto prematuro), es probable que el recién nacido requiera de ciertos nutrientes y vitaminas para complementar su alimentación. Cabe resaltar, que el dar complementos nutricionales al recién nacido debe ser una decisión autorizada por un médico o nutricionista especializado, siendo poco recomendable que estos se suministren sin una supervisión profesional.

Algunos de los nutrientes y vitaminas que los pediatras recomiendan solo en casos indispensables, son los siguientes:

- Fortificantes a base de lípidos, proteínas y minerales. Esta mezcla de nutrientes se utiliza solo para complementar la leche materna y no la de fórmula, la cual ya viene enriquecida. Este complemento se brinda a partir del décimo día del recién nacido.
- Fortificantes a base de hidratos de carbono y lípidos. Si el médico considera apropiado su uso, este tipo de complementos se pueden encontrar en determinadas leches de fórmula.
- Fortificantes a base de hidratos de carbono y vitaminas. Estos complementos en polvo se pueden añadir tanto a la leche artificial, como a la materna. Entre las vitaminas recomendadas para complementar la alimentación del recién nacido, destacan la A, D y E.

El hecho de que hayamos destacado que, el uso de complementos nutricionales para los recién nacidos, solo se debe brindar en casos especiales, es por la serie de efectos contraproducentes que pueden manifestarse de ser suministrados sin una asesoría profesional. Entre ellos, mencionamos solo algunos:

- Influyen en el desarrollo de ictericia neonatal. Estudios recientes revelan que entre más agua recibe el recién nacido, los niveles de bilirrubina en su sangre se tienden a elevar significativamente. El meconio, la primera deposición oscura que tienen los bebés, es rica en bilirrubina. De igual manera, el agua no estimula el movimiento intestinal por lo que la bilirrubina es reabsorbida por el organismo del bebé, contribuyendo a la presencia de ictericia.

- El uso de complementos nutricionales en los primeros días de vida del bebé, pueden llevar a la madre a acostumbrarse a este sistema de alimentación, renunciando a la posibilidad de retomar la lactancia natural en un futuro próximo e interfiriendo en la producción de leche materna.

- Los complementos que se dan al bebé contribuyen a que la madre se congestione de leche, debido a que el bebé permanece menos tiempo en el seno. Se sabe que entre más tiempo amamanta el bebé, menos se congestiona la madre.

EL APARATO DIGESTIVO DEL BEBÉ

Durante los primeros meses de vida, el aparato digestivo del bebé es aún es pequeño y delicado, razón por la cual no debe ser tratado con el mayor cuidado posible, evitando someterlo a esfuerzos innecesarios. Hablar del aparato digestivo del bebé, es referirse a uno de sus sistemas más importantes porque convierte los alimentos en energía y ayuda a eliminar el material sobrante. Las transformaciones de este aparato a lo largo de la vida son, sin embargo, progresivas y están directamente relacionadas con la dieta que ingerimos y con la maduración de cada uno de los órganos relacionados en este proceso. La digestión de los bebés recién nacidos tarda alrededor de hora y media.

Afortunadamente, la leche materna e incluso muchas fórmulas, suelen ser alimentos adecuados para mantener el funcionamiento óptimo del aparato digestivo del bebé. Aun así, los bebés suelen presentar diversos trastornos digestivos a causa de la alimentación de la madre o de la fórmula que se le da.

TRASTORNOS DIGESTIVOS DEL BEBÉ

Cólico del lactante: este tipo de trastorno se manifiesta con frecuencia en la segunda o tercera semana de vida, padeciéndolo actualmente uno de cada cuatro bebés menores de seis meses, persistiendo los síntomas, en muchos de los casos, hasta el tercer mes. El dolor abdominal que presentan los bebés afectados por este cólico, se traduce en un llanto del pequeño, ininterrumpido y desesperado; además, el niño levanta y mueve frecuentemente las piernas, tiene ruidos intestinales y mal humor. Para evitarlo, es recomendable hacer pausas durante la lactancia para que el bebé expulse el aire. Entre los factores que lo estimulan, se encuentran el estrés, el cambio de leche o la intolerancia a la lactosa.

Estreñimiento: este tipo de trastorno se origina a causa del cambio de leche materna o fórmulas artificiales, así como por la incorporación de alimentos más sólidos en la dieta del bebé. Sus síntomas son las deposiciones poco frecuentes y duras, las cuales representan un malestar para el bebé. Aunque normalmente se solucionan con una adecuación de las medidas de leche que consume el niño diariamente, algunos ejercicios también pueden resultar útiles. Se puede masajear la zona del abdomen del bebé a la altura del ombligo, haciendo círculos en el sentido de las agujas del reloj. También se recomienda echar al bebé en la cama boca arriba con las piernas juntas, las cuales se flexionan, haciéndolas girar en círculos.

Regurgitaciones: es el trastorno digestivo más común en los bebés. Se producen cuando la leche se mezcla con los ácidos estomacales, pero regresa a la boca debido a la inmadurez del esfínter que cierra la entrada del estómago para que el alimento retroceda; este acto provoca que el niño escupa o vomite una pequeña cantidad de leche, pero sin fuerza, lo que le diferencia de los vómitos normales. Las regurgitaciones tienden a desaparecer entre los seis meses y el año.

Si este tipo de trastorno se produce constantemente, no hay que olvidar colocar al bebé de lado para dormir, de forma que, si regurgita durante la noche, no se ahogue. Asimismo, en los casos en que el bebé no aumente de talla, no suba de peso, rechace los alimentos o tenga un carácter irritable, será mejor llevarlo al pediatra para un diagnóstico profesional.

Diarrea: este trastorno puede ser originado por causas diversas, que van desde de una mala absorción de azúcares, hasta alergia a la leche, alimento que suele aparecer relacionado con las diarreas de los bebés. Hay que tener especial cuidado cuando el recién nacido padece de diarrea, ya que podría convertirse en deshidratación crónica. Si junto a la presencia de deposiciones líquidas y continuas encontramos poco apetito, vómitos, fiebre, pérdida de peso y talla, debemos llevar al bebé con su pediatra cuanto antes.

RELACIÓN LECHE-DIGESTIÓN

La leche materna es la única que está diseñada realmente para el bebé: su ingesta ayuda a madurar el aparato digestivo del pequeño, preparándolo para el cambio que supondrá la ingesta de alimentación complementaria (frutas, cereales, verduras y carnes que se le suministrará de manera gradual, conforme crezca). En el caso de los niños alimentados con leche de fórmula, la asimilación de estas leches en el cuerpo del bebé es mucho más lenta que la de la leche materna y las deposiciones suelen ser más amarillentas y gruesas, debido a que la leche artificial contiene proteínas más complejas y gruesas que la materna.

Si el aparato digestivo del bebé no está preparado naturalmente para digerir este tipo de leches, su consumo puede devenir en casos de cólicos, diarreas con sangre, estreñimiento, entre otros, lo cual suma una razón más para el uso exclusivo de leche materna durante los primeros seis meses de vida.

CUIDADOS DEL BEBÉ EN SU PRIMER BAÑO

Los padres suelen plantearse una serie de dudas y temores al momento de enfrentarse al primer baño del bebé. Normalmente, se sienten inseguros y ansiosos, principalmente cuando son padres primerizos. Se preguntan cómo deben sujetar al recién nacido y qué precauciones se debe tener. Muchos no saben cuál es la temperatura ideal del agua o cómo deben introducir al bebé en ella, o cuál es la mejor forma de sacarlo de la bañera.

Pasos para bañar al bebé

- Antes de empezar con el baño, los padres deben procurar tener todos los accesorios necesarios, como el jabón, el champú para bebés, la toalla, pañales, la ropa de cambio y una esponja de baño. Asimismo, es aconsejable lavar la bañera antes de cada baño.
- Asegurarse de que la temperatura del agua sea la correcta. Una temperatura adecuada del agua para el baño de un bebé fluctúa entre los 35 y los 37 grados centígrados.
- Desinfectar con alcohol el área donde ha estado el ombligo umbilical con una gasa limpia, a fin de evitar posibles infecciones.
- Antes de introducir al bebé en la bañera, se le debe limpiar con toallas húmedas la zona genital y los alrededores que tienen contacto con el pañal.
- Para meter al bebé en la bañera, se le sostiene con el brazo derecho, de manera que la cara interna del codo de la madre sostenga su cabeza y sus manos lleguen a la parte baja de su cadera. Se le inclina sobre la bañera y, con la mano izquierda, se le lava la cabeza con una cantidad mínima de champú.
- Una vez lavada la cabeza, se procede a lavar cuidadosamente la parte inferior del cuerpo: piernas, ano y pies. La cabeza del bebé nunca debe soltarse, para evitar que se golpee o ahogue.
- Luego, se lava la parte superior: pecho, brazos y manos.
- El procedimiento se realiza con el bebé boca arriba, y luego con el bebé boca abajo, para lo cual se le debe girar con el respectivo cuidado.
- Una vez finalizado el baño, se le saca el bebé de la bañera y se le envuelve inmediatamente con una tolla limpia.
- Al bebé se le debe secar con delicadeza, pero minuciosamente, asegurándose de secar la parte de sus pliegues de la piel.

- Es recomendable vestir al bebé en el mismo lugar donde se le ha bañado, a fin de evitar las corrientes de aire.

Asimismo, bañar al bebé es una excelente excusa para que la madre pueda revisar en su piel la aparición de algún tipo de manchas, erupciones o forúnculos; igualmente, los pediatras consideran que el baño sirve para afianzar los vínculos comunicativos del recién nacido con la madre. También estimula el sueño del bebé y lo relaja emocionalmente.

LOS PATRONES DEL SUEÑO EN EL RECIÉN NACIDO

Por lo general, los recién nacidos suelen dormir durante gran parte del día y la noche; despertándose únicamente para alimentarse cada dos horas. Durante las primeras semanas los recién nacidos no tienen un horario establecido y muchos de ellos confunden el día con la noche, llegando a pensar que deben estar despiertos durante la noche y dormir durante el día. Este desajuste tiende a crear también cierta confusión en los padres primerizos, con respecto al comportamiento del sueño de su hijo.

Se estima que los recién nacidos duermen, en promedio, de ocho a nueve horas durante el día y alrededor de ocho horas durante la noche. La mayoría de los bebés no duerme toda la noche de corrido hasta cumplir los tres meses de vida o hasta alcanzar un peso de 5,5 a 5,9 kg. Los recién nacidos y los bebés de corta edad tienen un estómago pequeño y se suelen despertar cada tres o cuatro horas para comer. No es necesario despertar al bebé para alimentarlo, a menos que así lo haya recomendado el pediatra. No obstante, se debe evitar que el bebé recién nacido duerma más de cinco horas seguidas sin alimentarse, durante las primeras cinco o seis semanas de vida.

Los padres no pueden dejar de llevar cierto control sobre el sueño de su hijo. De observarse cambios notorios en el comportamiento de su sueño, como despertarse abrupta y frecuentemente con llantos desbocados, puede ser señal de algún tipo de afección que merezca ser tratada por el doctor.

Los estados de sueño del recién nacido

Los estados del sueño pueden ser motivo de cierto desconcierto en los padres primerizos; en ocasiones se observa que el niño permanece demasiado quieto, mientras que en otras se le nota algo alerta, como a punto de despertarse. Para conocer mejor estas actitudes del sueño del recién nacido, cabe tener presentes las distintas etapas por la que atraviesa:

- Somnolencia. El bebé se duerme con los párpados caídos, posiblemente abriendo y cerrando los ojos.
- Sueño liviano. El bebé se mueve y puede sobresaltarse como asustado o saltar al oír ruidos.
- Sueño profundo. El bebé está tranquilo.
- Sueño muy profundo. El bebé está tranquilo y no se mueve.

EL PRIMER PASEO DEL RECIÉN NACIDO

En décadas pasadas, los doctores recomendaban no sacar al recién nacido hasta pasados los primeros cincuenta días de vida. Con el transcurso de los años y los estudios, este plazo se acortó a un mes. En la actualidad, muchos pediatras parece coincidir en que sacar a un bebé de más de quince días de nacido, cuyas evaluaciones lo han determinado como sano, no tendría por qué significar ningún tipo de riesgo, siempre y cuando se sigan con las pautas de cuidados elementales, como abrigarlo adecuadamente y no exponerlo a ambientes donde proliferen los virus y bacterias.

En el aspecto psicológico, pasear al bebé se considera positivo porque el movimiento que hace el coche al rodar, así como los estímulos visuales y auditivos que representa el paseo, contribuirán al relajo del niño y a regular sus horarios de sueño.

Algunos padres prefieren, por seguridad, que los primeros paseos del bebé sean en auto para protegerlo de los virus exteriores. Esta es una buena alternativa si, tal vez, el infante no se encuentra al día en sus vacunas; sin embargo, el paseo al aire libre siempre va a resultar más beneficioso, si se realiza con cuidado.

CUIDADOS CON LA ROPA DEL RECIÉN NACIDO

Los recién nacidos, generalmente, se encuentran más afectados por el frío que los adultos, debido a que sus sistema regulador aún se encuentra en desarrollo y tienen menos grasa corporal. Asimismo, el exceso de calor es muy peligroso para el bebé, siendo causa frecuente de fiebres y deshidratación.

Ante este dilema, se aconseja que el recién nacido lleve siempre un poco más de ropa que la que llevan los adultos. Ante las dudas sobre la sensación de calor o frío que pueda estar sintiendo el bebé, se sugiere tocarles la nuca o el cuello, que son lugares fiables donde medirles la temperatura de un modo sencillo. El material más recomendable para vestir a los bebés es el algodón y no otros que puedan resultar irritantes (como la lana) o alérgicos (como el polar).

Consejos para lavar la ropa del bebé

- Durante los primeros seis meses, es recomendable lavar la ropa del bebé de forma independiente a las prendas del resto de personas que habitan en el hogar. En caso de no poder efectuar una limpieza independiente, se puede utilizar una bolsa protectora para ropa, a fin de mantener separada la ropa del bebé.

- Muchas de las prendas de vestir que usan los recién nacidos, se caracterizan por ser delicadas, incluyendo bordados, encajes o tejidos sensibles, que pueden dañarse fácilmente en la lavadora o al entrar en contacto con otras prendas. En tal caso, lo más recomendable es lavarlas a mano. De tratarse de ropa de lana, lo recomendable es, también, lavarla a mano o, en su defecto, en la velocidad más suave de la lavadora.

- La ropa del bebé se encuentra expuesta a todo tipo de manchas, como las provocadas por las heces, los restos de comida y vómitos. De tener que lidiar con prendas manchadas, estas deberán ser puestas a remojo para que vayan liberando la suciedad, antes de proceder con el lavado normal.

- Se sugiere que durante los primeros meses se utilice un jabón especial para ropa de bebés, tanto en el lavado a mano como a máquina. A medida que crece el bebé, a partir de los seis meses, se pueden introducir otros detergentes y aplicarlos primero sobre las prendas más resistentes.

- El uso de suavizantes y aditivos en la ropa del recién nacido no es recomendable, porque contienen sustancias químicas que pueden afectar su piel.

- Cuando se laven las prendas a mano, tener cuidado con no dejar rastros de jabón o detergente en las prendas, ya que los bebés pueden chuparlos o morderlos.

- En cuanto al secado, lo mejor es no tender las prendas del bebé y dejarlas secar sobre una superficie plana (una toalla, por ejemplo) para que no se estiren, ni deformen.

- Respecto al planchado, muchas de las prendas del bebé no necesitan plancharse, pero en el caso de las camisas, por ejemplo, se debe evitar utilizar temperaturas muy altas en la plancha para evitar que se dañen las prendas más delicadas, que seguramente están compuestas por tejidos más sensibles.

CAPÍTULO
8

MI BEBÉ DE 1 A 9 MESES

DESARROLLO FÍSICO

Aunque pueda parecer poco tiempo, nueve meses en la vida de un bebé representan una serie de vivencias y acontecimientos de gran significancia, tanto para el niño como para sus padres. En este periodo de tiempo, es fácil –y necesario– observar y evaluar el desarrollo temprano del bebé, según los estándares pediátricos establecidos en materia de peso y talla.

EVOLUCIÓN DEL PESO DEL BEBÉ

Los primeros días: se puede decir que un bebé recién nacido con normalidad, pesa alrededor de dos kilos y medio y cuatro kilos. En el caso de los bebés nacidos al completar el ciclo de gestación, su peso no debería bajar de los tres kilos al nacer, aunque hay casos en los que se encuentran ligeramente por debajo de esta medida, situación que puede regularse de manera natural en los primeros días de vida. De cualquier manera, este tipo de dudas debe siempre consultarse con el pediatra que venga tratando al niño. Asimismo, hay que considerar que así como se gana peso, también se suele perder a partir del tercer o cuarto día de vida del bebé, debido a que expulsan grandes cantidades de orina y meconio acumuladas durante el tiempo que estuvieron en el vientre de su madre. Para que esta pérdida de peso esté dentro del rango de la normalidad, no debe ser mayor al cinco o diez por ciento del peso total de nacimiento.

Los primeros meses: se estima que durante los primeros seis meses de vida, el bebé gana un promedio de 600 gramos por mes. No obstante, esta media suele variar en determinadas ocasiones, en las que el aumento de peso se produce bruscamente durante la primera semana (registrándose casos de aumentos de peso de hasta 350 gramos) y decae significativamente en la siguiente (hasta 100 gramos, por ejemplo). En estos casos, el método de lactancia no tiende a influir en esta descompensación de peso, debiéndose, usualmente, a factores de metabolismo que no llegan a ser considerados como patológicos por la ciencia médica. Si el bebé se alimenta por medio de leches artificiales o fórmulas, hay que mantener un cuidado especial con respetar las medidas indicadas para su preparación, en función a su edad.

De seis a nueve meses: entre el sexto y el noveno mes de vida, el aumento de peso del bebé se reduce a una media de 350 a 440 gramos mensuales. A partir del sexto mes, los especialistas aceptan que la alimentación del bebé comprenda otros tipos de alimentos, además de la leche. Lo mejor es incluir estos alimentos de uno en uno, en pequeñas cantidades y espaciándolos entre sí una semana, como mínimo. De esa manera, si alguno de los alimentos desconocidos para el bebé le produce reacciones alérgicas, sabremos identificarlo y podremos eliminarlo de su dieta inmediatamente.

LA EVOLUCIÓN DE LA TALLA DEL BEBÉ

- Los primeros días: la talla con la que nace el niño depende exclusivamente de factores maternos, como el tamaño de la cavidad uterina y de la nutrición que ha recibido durante el período fetal. La medida con la que nace, difícilmente tiende a determinar el futuro crecimiento del niño. Los recién nacidos suelen tener una longitud que oscila entre los 48 y los 52 centímetros.

- Los primeros meses: a partir del segundo mes de nacido, el bebé alcanzará una talla que puede variar de los 53 a 60 centímetros, dentro del rango de la normalidad aprobado por la Organización Mundial de la Salud. A partir del tercer mes, la talla fluctuará entre los 56 y los 64 centímetros. Al cumplir los cuatro meses, se espera que la talla varíe entre los 58 y los 66 centímetros. Cuando el bebé llega al medio año de vida, su estatura promedio se encontrará entre los 62 y los 70 centímetros.

- De los seis a los nueve meses: entre el sexto y el noveno mes de vida del bebé, su talla podrá ir evolucionando desde los 70 centímetros de estatura, hasta los 75.

La velocidad en la que crece el esqueleto no siempre coincide con la edad biológica, razón por la cual hay bebés que se encuentran, bien por encima de su talla normal, o bien por debajo de ella. Se dice entonces, que la edad ósea está adelantada o retrasada con respecto a la edad biológica del niño. La edad ósea se determina mediante una radiografía de los huesos de la muñeca, que se realiza cuando el pediatra duda si el crecimiento del bebé es adecuado.

¿CÓMO LUCE EL RECIÉN NACIDO?
Los bebés recién nacidos presentan una serie de características que definen su aspecto físico.

- Tienen cabeza grande, cuello corto, piernas cortas y torso hinchado.
- Debido al proceso de atravesar por el canal parto, algunos bebés pueden nacer con la cabeza ligeramente deformada, similar a la forma de un cono.
- Los bebés nacidos por cesárea, que no tienen que atravesar el canal del parto, llevan una ventaja en lo que

respecta a su aspecto físico: sus cabezas no se deforman, de manera que no pierden su forma redonda natural.

- Cabe esperar que en algunos casos los genitales del bebé estén moderadamente inflamados, debido a la dosis extra de hormonas femeninas que recibieron de su madre en los momentos previos al parto.
- El rostro también puede presentar cierta hinchazón a causa del traumatismo que se produce al atravesar el canal del parto
- Los brazos y las piernas del bebé dan la impresión de ser particularmente cortas. Esto se encuentra dentro del parámetro de los estándares, debido a que ha pasado varios meses acurrucado en un pequeño espacio en el útero y necesita tiempo para adaptarse a su nuevo hábitat. En el caso de los bebés sanos, lo normal es que una o dos semanas después de su nacimiento, estiren los brazos y piernas. Por el contrario, en estas primeras semanas, los dedos, tanto de las manos como de los pies, tendrán un aspecto alargado en comparación con el resto de las extremidades.
- El aspecto de la piel de los recién nacidos varía según el momento del embarazo en que hayan nacido. Los bebés prematuros presentan piel fina, de aspecto transparente, que puede estar cubierta de lanugo. Al margen de la raza y el origen étnico del bebé, estos suelen nacer con la piel bastante clara y, por lo general, de aspecto rosado. El tono rosado proviene de los vasos sanguíneos, que se traslucen a través de la piel del bebé, que todavía es fina. El verdadero color de la piel se irá imponiendo poco a poco durante el transcurso del primer año de vida. Los médicos suelen coincidir en que antes de los dos meses de vida (a las seis semanas aproximadamente), las irregularidades capilares, como la ictericia u otras, deberían desaparecer de manera natural.
- En Latinoamérica, algunos bebés nacen con ojos de color gris-café oscuro, los cuales no cambian de manera significativa. Sin embargo, algunos pueden nacer con ojos de color avellana-verde que se oscurecen con el

trascurso de los meses, antes de llegar al medio año. Se estima que el color de ojos que muestra el bebé entre los seis y los nueve meses es definitivo; no obstante, se han registrado algunos casos donde los ojos del niño cambian después del año.

- El cabello del bebé también se caracteriza por presentar una serie de cambios durante los primeros meses. Algunos nacen con escaso cabello, mientras otros lo tienen en abundancia. De cualquier forma, tanto el volumen como el color del mismo, cambian –casi siempre– con el paso de las semanas y meses. Muchos bebés también presentan áreas donde no les crece el pelo, las cuales se forman al descansar sus cabezas en la cuna y otras superficies, pero todas ellas terminarán cubiertas de cabello cuando comiencen a pasar menos tiempo echados boca arriba, según vayan creciendo.

La nutrición

Durante los primeros años de vida, la alimentación cumple una función vital en el desarrollo físico e intelectual del niño, el cual podría determinar su edad adulta. Desde el nacimiento hasta la adolescencia, es una etapa crucial para evitar la aparición de futuras patologías, que pueden aparecer debido a una alimentación deficiente (muy al margen de la cantidad); como puede ser el exceso de sal, grasas, o azúcares.

Periodos de lactancia

Revisando textos de hace dos o tres décadas, encontramos que algunos autores sugieren que el periodo exclusivo de lactancia del bebé no pase de los tres meses, etapa en la que no debería suprimirse, mas sí complementarse con otros alimentos. Sin embargo, en textos más recientes, es abrumador el consenso entre los especialistas, respecto a que el periodo de lactancia abarca los primeros seis meses. Durante este primer semestre el ritmo de crecimiento del bebé es muy acelerado, por lo que necesita unos altos niveles energéticos. La inmadurez de los órganos está muy relacionada con la nutrición, ya que el riñón tiene menor capacidad para funcionar, y hay un retraso en el vaciamiento gástrico; debido a estos factores, los estudios nutricionales más recientes arrojan que la leche materna es el mejor alimento para el bebé hasta los seis meses.

Periodo de transición

Este periodo se inicia a partir del sexto mes del bebé, cuando los nutrientes naturales de la leche materna dejan de ser suficientes para garantizar una alimentación óptima. En este momento el aparato digestivo y el riñón han completado su etapa de formación, de modo que el organismo del bebé está preparado para recibir ciertos tipos de sólidos (o semisólidos, como se prefiera), como cereales y compotas. A esta nueva etapa en la vida del bebé marcada por su tipo de alimentación, se le conoce comúnmente como destete.

¿Cómo introducir los alimentos complementarios en la dieta del bebé?

Para empezar a introducir alimentos sólidos en la dieta de bebé, se debe considerar su nivel de madurez fisiológica, como por ejemplo si es capaz de deglutir, sostener la cabeza y el tronco. Si todo esto se cumple, la introducción de alimentos complementarios en la dieta del bebé puede empezar unas semanas antes del sexto mes, pero de manera muy gradual, como veremos en los siguientes consejos prácticos:

- Se recomienda empezar a con cereales de un solo grano, porque las probabilidades de causar reacciones alérgicas en el bebé son bastante bajas.

- Conforme el bebé vaya aumentando gradualmente la ración diaria de cereal, la madre podrá ir disminuyendo la cantidad de leche materna que le proporciona, también de manera gradual.

- Es preferible que se le dé al bebé un tipo de cereal por vez, para evitar que el sabor le resulte muy fuerte. Asimismo, durante esta etapa de transición, es mejor evitar darle cereales que contengan gluten, como la avena, la cebada o el trigo.

- Después del cereal, se puede proceder con los vegetales y las frutas aplastados. Una o dos cucharaditas después del cereal serán suficientes. En este caso, también es preferible darle al bebé un tipo de vegetal o verdura por vez. A esta edad, es preferible que los vegetales y verduras que coma el bebé sean hervidos previamente. Los vegetales, como las zanahorias, las arvejas y las papas, pueden servirse como puré; mientras que las frutas, como las manzanas, las peras y el plátano, en forma de compota.

- Las legumbres pueden incorporarse a la dieta del bebé, después de que haya asimilado con éxito las frutas y verduras. Las legumbres tienen mucha importancia en la nutrición del bebé debido a su alto contenido en carbohidratos (azúcares). El azúcar de las legumbres es almidón que se compone de muchas moléculas de glucosa, por lo que aportan un alto nivel de energía. Asimismo, aportan proteínas, aunque en menor nivel que la carne animal. La edad más adecuada para empezar a alimentar al bebé con legumbres, es a los diez meses.

- Las proteínas pueden ser consumidas de diferentes formas por el bebé, en función de la cantidad que requiera según su edad. Los alimentos más completos en proteínas son la carne y el pescado; sin embargo, los huevos, la leche y sus derivados, así como las proteínas de los cereales, la soja y el resto de las leguminosas y frutos secos, logran en su adecuada combinación el aporte necesario de los aminoácidos esenciales.

- De todas formas, si se desea complementar el nivel de proteínas que ingiere el bebé, se puede introducir en su dieta la carne a partir del séptimo mes, dependiendo de la opinión del pediatra. Al principio, como todavía no puede masticarla, lo ideal es triturarla e introducirla en sus purés de verduras. Conviene empezar con las carnes menos grasas, como el pollo y el pavo antes que el cerdo. La manera más conveniente de darle la carne es triturada con verduras o cereales.

A la hora de comer

Para algunos padres, en especial si son primerizos, puede representar cierto grado de complicación, el pasar de la etapa de la lactancia del bebé, a la alimentación complementaria. Para estimular mejor el apetito y la actitud del niño a la hora de la comida dejamos los siguientes tips:

- Sentarse con el bebé y estimularlo a la hora de comer, conversándole sobre lo agradables que son los alimentos.
- Hacer de la hora de la comida un momento relajado y feliz.
- Alimentar al niño pequeño con el resto de la familia, pero con su propio plato y cuchara, para asegurarse de que reciba y coma la porción que le corresponde.
- Servir al bebé alimentos que pueda coger por sí mismo.
- Mezclar los alimentos si el bebé tiende a picotear y solo come los de su preferencia,
- No apurarlo.
- Asegurarse de que el bebé no tenga sed, porque los niños sedientos comen menos.
- Tratar de dar de comer al bebé en cuanto tenga hambre, no esperar a que empiece a llorar para alimentarlo.
- No dar de comer al bebé cuando está cansado o soñoliento.
- No obligar al bebé a comer.

CUIDADOS CLÍNICOS HASTA LOS NUEVE MESES

Sin lugar a dudas, un bebé de menos de un año de nacido requiere de un cuidado especial y, sobretodo, constante. Esto a fin de evitar una serie de complicaciones a corto, mediano o largo plazo.

Es aconsejable llevar al recién nacido al médico cuando tiene entre una y dos semanas de vida; a partir de entonces, el ritmo debe ser de una vez al mes hasta que cumpla el medio año de vida. Después, bastará con una visita cada dos o tres meses hasta que el niño cumpla el año y medio.

En cada visita, el médico supervisará el desarrollo físico y psicomotor del niño, lo pesará y lo medirá, y valorará sus reacciones ante determinados estímulos en función a su edad. Detallará o completará las indicaciones en materia de alimentación y, si es necesario, recetará complementos vitamínicos. Además, lo vacunará cuando corresponda. El conjunto de toda esta información se recoge en el carné de control periódico o carné de salud.

Por otra parte, las visitas médicas proporcionan la ocasión de seguir con rigurosidad el calendario de vacunación. Además de protegerlo contra determinadas enfermedades, algunas visitas son indispensables para que el niño tenga acceso a las actividades colectivas, en especial las relacionadas con la educación.

CAPÍTULO
9

¿QUÉ HABILIDADES YA DEBE TENER MI BEBÉ?

Los bebés nacen con una serie de habilidades o reflejos innatos, los cuales se van nutriendo y complementando con los conocimientos que va a adquiriendo desde temprana edad.

AL PRIMER DÍA
El recién nacido llega al mundo con las siguientes reacciones y habilidades:

- Abre y cierra los ojos.
- Succiona de manera natural.
- Es posible que se dé vuelta o reaccione al percibir sonido de las voces de sus padres.
- Utiliza todos los sentidos.
- Puede llegar a fijar la mirada brevemente.

LOS PRIMEROS SIETE DÍAS
- Succiona por reflejo cuando se le mete en la boca un objeto blando.
- Pasa automáticamente la leche que se introduce en su boca.
- Reflejo del Moro: se sobresalta, arquea la espalda y mueve brazos y piernas como si abrazara.

- Reflejo plantar: mueve las piernas en una acción refleja de pisar, cuando se le apoyan los pies en una superficie lisa.
- Reflejo de hozamiento: si le acarician la mejilla, vuelve la cabeza para encontrar el pezón de la madre.
- Recibe y agarra los objetos que se le ponen en la mano como un reflejo, aunque es incapaz de sostenerlos.
- Cierra la mano formando un puño.
- Parpadea instintivamente cuando un objeto se acerca demasiado a él.
- Intenta mirar a quien le habla.
- Reconoce el rostro de los padres del de los extraños.
- Distingue el olor de papá y mamá a los pocos días de nacido.
- Se muestra sensible al tacto y se calma cuando lo cargan o abrazan.
- Llora para expresar sus molestias o inquietudes.
- Agita los brazos y las piernas para expresar emoción o alegría.

EL DESENVOLVIMIENTO GESTUAL

Los niños pequeños utilizan los gestos para expresar, de un modo gráfico, aquellos sentimientos y emociones que aún no pueden expresar con el habla. Si consideramos que estos gestos permiten establecer un puente de comunicación con el niño hasta la aparición del lenguaje verbal, la gestualidad puede ayudar por tanto en la comunicación hasta que la palabra pueda ser dicha correctamente o comprendida.

Esta capacidad innata de comunicación a través de los gestos, se va desarrollando a medida que el bebé va creciendo y su experiencia personal se va haciendo más compleja. Hay gestos de los bebés que son sencillos y fáciles de identificar, porque se trata de un lenguaje universal (con algunas excepciones). La mayoría de los papás y mamás hacen gestos que forman parte de un lenguaje universal del mundo bebé y ellos imitan a sus progenitores, alcanzando un sistema de entendimiento.

CARACTERÍSTICAS DEL DESARROLLO MOTRIZ

Al primer mes de vida

El desarrollo motriz del bebé comenzará a desarrollarse paulatinamente; en primer lugar tratará de controlar su cabeza, luego su tronco o espalda y, por último, las extremidades. Se podrá apreciar el movimiento de su cabeza de un lado a otro.

Durante el primer mes de vida del bebé, tiende a mantener sus puños apretados; desarrolla el llamado «reflejo de presión», que se manifiesta cuando se le acerca un dedo al bebé, y este lo coge con fuerza, de manera instintiva. Al cumplir el mes de vida, cuando esté boca abajo, tenderá a levantar su cabeza por unos segundos, ya que todavía no tiene la suficiente fuerza y control de sus músculos; gradualmente irá abriendo más sus manos y tratando de coger lo que tenga cerca.

De dos a cuatro meses

A partir del segundo mes, el desarrollo motriz del bebé avanza de manera destacable. Entre los dos y los cuatro meses de vida, el bebé alcanza nuevos logros, como el sostén cefálico que le permitirá fijar la mirada y relacionarse por primera vez con el rostro de la madre, a quien todavía no reconoce como tal. Este estímulo se verá reflejado en una sonrisa instintiva hacia la progenitora.

Al final del primer trimestre, será capaz, también, de juntar sus manos y llevarlas a la boca. A esta edad el bebé comprende que hay movimientos corporales que le producen gran placer y jugará a repetirlos una y otra vez.

Los padres suelen jugar en esta etapa mirando al niño a los ojos, acariciándolo, conversando con él y reiterando los sonidos que emite. Asimismo, se le acercan objetos para que el niño tome con sus manos e intente chuparlos. Los móviles y sonajeros se convierten en juguetes didácticos que estimulan el desarrollo motriz del bebé durante sus primeros meses de vida.

DESCUBRIENDO LAS MANOS

Alrededor de los tres meses, señalan los pediatras, el bebé toma conciencia del potencial de sus manos. Además, sobre el inicio del segundo trimestre de vida, el bebé adopta un mayor control sobre sus movimientos, ganando coordinación. Este avance se trasluce cuando el bebé consigue abrir y cerrar las manos, de manera voluntaria. Asimismo, algunos ya aprenderán a llevarse la mano a la boca para chuparse el dedo. Estas acciones, conllevan a que los especialistas en desarrollo infantil consideren a las manos como el primer juguete del bebé.

LOS DESPLAZAMIENTOS DEL BEBÉ DURANTE LOS PRIMEROS MESES

El desplazamiento o los movimientos del bebé, constituyen una parte fundamental en su desarrollo temprano. De manera muy rápida, el pequeño irá incorporando distintas características a su movimiento conforme transcurran las semanas.

A la primera semana

Durante los primeros siete días de vida, el bebé comenzará a conocer su cuerpo, sobre todo su musculatura; este tipo de movimientos le recordarán un poco a los que realizó al momento del parto.

A la segunda semana

A los catorce días de nacido, el bebé empezará con los estiramientos; de esa manera, irá sintiendo y conociendo sus brazos y piernas. Es muy común verlo en la cuna intentando realizar este tipo de movimientos.

A la quinta semana

Al llegar a su quinta semana de vida, el bebé seguirá durmiendo por tiempos prolongados, sin embargo, ya comenzará a reaccionar a los estímulos que hay en el ambiente, efectuando pequeños giros con la cabeza para intentar seguir con la mirada a quien está a su alrededor. Desde este momento, el bebé comienza a sonreír espontáneamente y a gesticular, con el fin de expresar sus emociones.

A la sexta semana

Al llegar a la sexta semana, el bebé empezará a mover constantemente sus piernas, lo cual se constituye en uno de los ejercicios favoritos a esa edad, donde sus movimientos físicos van progresando y su interacción con el entorno se vuelve más constante.

A la octava semana

Con dos meses de vida, la musculatura del bebé se irá reforzando, permitiendo que el cuello y los hombros tengan la suficiente fuerza como para sostener la cabeza al intentar levantarla.

A los tres meses

Al finalizar el primer trimestre de vida, el bebé se volverá más hábil con el movimiento de sus extremidades. Esto lo preparará para otro tipo de habilidades psicomotrices, como el gateo. Es frecuente que a los cinco meses empiece a tomarse los pies y las rodillas cuando se encuentra boca arriba, lo cual lo llevará a rodar de un lado. Este movimiento marcará un significativo avance en el desarrollo psicomotor del bebé.

A los seis meses

El medio año del bebé se caracterizará por el alcance de dos habilidades psicomotrices fundamentales. Una de ellas, es la capacidad de desplazarse reptando; y la otra, la de sentarse solo, lo cual, a nivel emocional le brindará una sensación de autonomía considerable.

A los nueve meses

Entre los nueve y los diez meses de edad, el bebé pasará de dominar la posición de sentarse, a adoptar la postura de cuatro patas, la cual es la base del gateo.

LA EVOLUCIÓN DEL TONO MUSCULAR EN LOS PRIMEROS MESES DE VIDA

El tono muscular, es un estado permanente de contracción parcial, pasiva y continua en el que se encuentran los músculos. Cuando dormimos el tono muscular se reduce, dado que el cuerpo se encuentra más relajado. En el recién nacido, la evolución del tono muscular es importante porque se encuentra estrechamente ligado a las siguientes capacidades:

- Permite una adecuada succión y masticación, las cuales resultan necesarias para la alimentación del niño desde el nacimiento.
- Facilita la emisión de sonidos, que sirve como base para el desarrollo del habla y el lenguaje.
- Estimula los músculos faciales, facilitando la realización de gestos y muecas, que son medios para expresar emociones.
- Posibilita la elevación de los párpados y la movilidad de los ojos.
- Es indispensable para adquirir las posturas y los movimientos necesarios que llevan al logro de la marcha.
- Al tratarse de una función cognitiva, se encuentra íntimamente ligada a la atención, influyendo en los procesos de aprendizaje.

Desde el segundo mes de vida, hasta el medio año, el tono muscular del bebé tiende a disminuir empezando por la cabeza y siguiendo por los brazos; de esta manera, el recién nacido goza de mayor libertad de movimiento en estas zonas. A los seis meses, el tono muscular del tronco aumenta, lo cual permite la incorporación de la posición sentada. Al cumplir el año de vida, el tono muscular del cuello, la columna y los miembros inferiores se encuentran lo suficientemente desarrollados para dar inicio a la posición de pie.

DESARROLLO DE LOS SENTIDOS

Con el tiempo, se ha ido comprobando que los sentidos de los recién nacidos se encuentran más desarrollados de lo que se pensaba hasta hace solo un par de décadas. Investigaciones recientes ponen de manifiesto que la realidad es muy distinta. Ya desde el alumbramiento, los bebés tienen significativamente desarrollados los sentidos, los cuales están dotados de instintos que serán vitales para su adaptación y supervivencia. Todos los sentidos del bebé recién nacido son reforzados conforme transcurren las semanas.

La vista

El bebé establece contacto visual con su madre desde el mismo momento de su nacimiento. Al principio es breve, porque al recién nacido le resulta difícil mantenerse alerta y concentrado. En los primeros días de vida, la visión del bebé será algo borrosa. Un recién nacido puede concentrarse en objetos situados a 20 o 30 centímetros de sus ojos, preferentemente si estos presentan tonos en blanco y negro.

- Al primer mes: la visión aún se encuentra limitada en su desarrollo, sin embargo, desde el primer mes ya se pueden apreciar particularidades. A esta edad aprende a seguir objetos o puntos luminosos con la mirada. Los movimientos que el bebé de un mes puede seguir son horizontales; hasta que cumpla los tres meses, tendrá dificultades para seguir objetos que se muevan de forma vertical.

- A los dos meses: a esta edad los bebés comienzan a detectar diferencias entre los rostros que ve con mayor frecuencia. Sin embargo, el avance más destacable de la visión del bebé en esta época, es su creciente capacidad para detectar los detalles, como los móviles de su cuna o las fotografías de su habitación. Asimismo, es alrededor de los dos meses cuando el bebé comienza a concentrar su vista en el interior de los objetos, como frascos, envases y botella. También se observará con frecuencia las manos.

- A los tres meses: a esta edad la visión del bebé da otro gran paso dentro de su evolución. Es capaz de coordinar el movimiento de sus ojos, logrando un enfoque más claro de los objetos, lugares y personas. Esta mejora de la coordinación comienza a darle a la visión del bebé, la percepción de profundidad que necesita para seguir objetos a medida que se acercan o se alejan de él Aunque su vista todavía es borrosa, las imágenes que reciben sus retinas se confunden en una sola imagen tridimensional.

- A los seis meses: cuando llega al medio año de vida, el bebé es capaz de anticiparse a la trayectoria de un objeto, además de seguirlo. De tal forma que, al ver entrar a la madre en su habitación, el bebé esperará que ella se acerque a su cuna.

- A los nueve meses: se encuentra en capacidad de mirar fijamente objetos pequeños, así como empieza a tener una percepción de la profundidad de los objetos. Igualmente, su visión es más veloz, lo cual le permite seguir objetos que se mueven con cierta rapidez.

El oído

Uno de los primeros sentidos que desarrollan los bebés es el oído. Incluso, antes de nacer, el feto puede distinguir la voz de su madre durante el segundo trimestre de gestación; asimismo, notamos que a los pocos días de nacido, empezará a girar la cabeza en dirección al lugar del que proceden los ruidos que detecta. Todo esto puede comprobarse mientras el bebé permanece en estado de «alerta tranquila».

- *Al primer mes:* los recién nacidos tienen preferencia por los sonidos agudos. Suelen responder ante los sonidos conocidos y sobresaltarse ante los inesperados. En promedio, al final de los primeros 30 días de vida, el oído del bebé ya se debe haber formado completamente.

- *A los tres meses:* al final del primer trimestre de vida, el lóbulo temporal del bebé estará más activo y receptivo, de modo que, cuando el niño escuche la voz de los padres, procederá a buscarlos con la mirada. Si a los tres meses el niño no suele reaccionar positivamente ante el llamado de los padres, lo mejor será acudir con un especialista.

- A los cinco meses: cumplidos los cinco meses de vida, el bebé será capaz de determinar con certeza de dónde proceden los sonidos. Igualmente, empezará a reconocer su propio nombre.

- A los nueve meses: un bebé sano de nueve meses ya reconoce perfectamente su nombre, la voz de los familiares más cercanos, así como otros sonidos ambientales, entre los que destacan el teléfono o el televisor.

El tacto

Al acercarse la fecha del parto, el bebé permanece apretado en el útero, con las piernas y los brazos contraídos. Al nacer, los bebés de repente quedan expuestos a un mundo luminoso y frío, donde pueden mover los brazos y las piernas a voluntad. Esta sensación de libertad recién adquirida puede exaltar al bebé, lo cual, se transmite con movimientos bruscos y agitados.

El sentido del tacto se desarrolla en toda la extensión de nuestra piel. En el caso del recién nacido, el contacto «piel con piel» con sus padres, resultará fundamental para crear un vínculo afectivo entre ellos y proporcionar al bebé la sensación de protección y calor que requiere, tanto física como emocional.

El tacto es el primer sentido que desarrollan los bebés, desde el útero materno. Por tal motivo, su evolución depende, más que todo, de la estimulación que se le brinde en casa. Estos son algunos ejercicios sencillos para estimular el tacto del recién nacido:

- Afianzar el contacto de la piel del bebé con la de los padres. Para ello, lo más efectivo es cargar al bebé, acariciarlo y abrazarlo suavemente.
- Al momento de bañar al bebé, se puede aprovechar para estimular su sentido del tacto, jugando con el agua

y el jabón. Es necesario cuidar que ni el agua ni el jabón, caiga sobre los ojos del bebé.

• Masajear al bebé después del baño con cremas hidratantes. Además de estimular su sentido del tacto, los masajes favorecen la comunicación entre madre e hijo y contribuyen en la maduración del sistema nervioso del bebé.

• Los juguetes suelen aportar muchos estímulos para los recién nacidos. El tacto del bebé con los juguetes favorece su agarre y su manoseo, como es el caso de los sonajeros, anillas, mordedores, y todo aquello que el bebé pueda chupar o llevar a la boca. Es recomendable alcanzarle juguetes u objetos de diversos materiales y superficies, para que el bebé pueda ir comparando y diferenciando. Antes de alcanzarle cualquier objeto a un bebé, es indispensable asegurarse de que no represente ningún peligro para él.

• Las prendas de vestir, así como otros materiales textiles, tipo la lana y el algodón, despertarán sensaciones muy estimulantes en el niño.

• Reconocer su propio cuerpo también le ayudará a estimular su tacto. Tocarse el rostro y el cabello, le servirá para ir notando diferencias en sí mismo.

El gusto

El recién nacido distingue perfectamente los sabores dulces de los amargos, ácidos y salados. Por medio de estudios, se ha podido concluir que los bebés prefieren los sabores dulces, de manera innata. Los ácidos, salados y amargos le resultarán desagradables. Gracias a este sentido, el bebé puede condicionar el tipo de leche que toma, prefiriendo la materna, debido a su dulzura. Usualmente, es a partir del quinto o sexto mes de nacido, que las papilas gustativas del bebé empiezan a aceptar otro tipo de sabores, como los salados.

El olfato

Los bebés suelen tener el sentido del olfato más desarrollado que los mismos adultos. Cuando la madre les da de lactar, les resulta muy fácil familiarizarse con su olor, llegando a reconocerlo de los demás.

¿QUÉ ESPERAR AL SÉPTIMO MES?

Un bebé sano de siete meses muestra una serie de desarrollos notables en comparación del momento de su nacimiento. A continuación, señalaremos algunas de sus características más importantes:

- Sin duda, la más destacable es la aparición de los dientes de leche. Este fenómeno, usualmente, implica una cierta molestia para el niño, que incluso puede manifestarse en cuadros febriles.
- La medida regular de un bebé de siete meses es de 8.500 gramos y 68 centímetros de longitud.
- Su movilidad se caracterizará por balanceos corporales y el gusto por mantenerse en pie, aunque con la ayuda de un adulto.
- Manualmente, empezará a aferrarse a sus objetos y señalar con el dedo.
- Sopla y chasquea los labios.
- Suele llevarse todo a la boca.

¿Y AL OCTAVO?

- A los ocho meses de vida, el bebé alcanza un peso que fluctúa entre los 7400 hasta los 9500 gramos.
- Su talla podrá estar comprendida entre los 68 y los 73 centímetros.
- Podrá sentarse sin ayuda.
- Podrá llegar, aunque con cierta dificultad, a tomar objetos con el índice y el pulgar, lo que se conoce como movimiento de pinza.
- El bebé empieza a diferenciar los alimentos que le agradan, de los que no.
- Empieza a buscar objetos que no se encuentran a simple vista.
- Imita determinados sonidos o sílabas.

DESARROLLO DE CONOCIMIENTOS EN LOS PRIMEROS MESES

Durante los primeros meses de vida, el bebé comienza a investigar y a aprender, sobre todo en los momentos cuando se le nota tranquilo y concentrado. Este proceso comienza desde el mismo día del parto, repitiéndose cada vez más, a medida que su cerebro madure. Los recién nacidos reconocen rostros y expresiones y, en ocasiones, llegan a imitar gestos. Por esta razón, es recomendable que los padres se acerquen al bebé y le hagan muecas sencillas y graciosas. Es muy posible que al principio no responda ante estos estímulos, pero en poco tiempo empezará a hacerlo.

La comunicación temprana

Desde muy pequeño, el bebé irá buscando diferentes formas para comunicarse con sus padres, lo cual lo llevara a probar distintos códigos de comunicación. Recordemos que el lenguaje abarca toda forma de comunicación visible o audible (gestos, movimientos, vocalizaciones, palabras, etc.). Se trata del principal instrumento de comunicación y es la herramienta fundamental para incorporar otras habilidades cognitivas, como la lectura y la escritura:

- En los primeros días de vida, lo más común es que el bebé se exprese a través del llanto, para manifestar sus necesidades biológicas: hambre, sueño, malestar, calor o frío.
- Durante el primer trimestre comienza a emitir sonidos diversos.
- A los seis meses de vida el lenguaje empieza a manifestar sus primeros signos de evolución, por medio de sonidos guturales, que cumplen la función de juegos vocales.
- A los ocho meses el bebé balbucea con regularidad.

¿Por qué los niños se chupan el dedo?

Algunos niños pequeños se suelen chupar el dedo como un reflejo natural, que les inspira seguridad y protección. Asimismo, algunos niños lo encuentran relajante y les ayuda a conciliar el sueño. No obstante, conforme van apareciendo los dientes permanentes, el hábito de chuparse el pulgar puede acarrear determinados problemas relacionados al desarrollo bucal del niño.

Si los niños se meten el pulgar en la boca pasivamente, es decir, que no lo succionan, tienen menos probabilidades de presentar dificultades futuras que los que succionan el pulgar enérgicamente. Generalmente, los niños entre dos a cuatro años, abandonan este hábito en el momento en que empiezan a salir los dientes frontales permanentes.

La sonrisa social del recién nacido
Se denomina como «sonrisa social» del recién nacido, a aquella que esboza de manera relativamente consciente y no como un mero acto reflejo. En los primeros días de nacido, se puede notar que el bebé sonríe mientras duerme o cuando está tranquilo y relajado después de la comida. Este tipo de sonrisa, es la que se conoce como una «sonrisa automática», la cual constituye una muestra del óptimo estado cerebral del pequeño.

Es a partir de la tercer o cuarta semana de vida que el bebé empieza a esbozar sonrisas como consecuencia de un acontecimiento que ha sido de su agrado, como sentir las caricias de su madre o escuchar la voz del padre. Se puede considerar como patológico un retraso en la aparición de la sonrisa social del bebé, si esta no se manifiesta hasta la sexta u octava semana de vida, caso que deberá ser evaluado por el pediatra.

LA ANGUSTIA DEL OCTAVO MES
Entre el octavo y el noveno mes de vida, se ha detectado que los bebés suelen atravesar por una etapa de desconsuelo, marcada por el llanto y los sentimientos de angustia y ansiedad. Esta etapa también es conocida, como «la angustia de la separación». Se trata, por lo tanto, de una fase clave en el crecimiento del bebé y en su manera de relacionarse y sociabilizarse

Esta «crisis» se ve marcada por la toma de conciencia de sí mismo, por parte del bebé; comprendiendo su individualidad con respecto a sus padres. Asimismo, otros factores, como el inicio de alimentación complementaria y el gateo, se suman a crear tensión emocional en el niño.

Algunos síntomas de esta angustia, son los que detallamos a continuación:

- Cambio brusco de carácter
- Introversión
- Irritabilidad
- Desconfianza de los extraños
- Sueño interrumpido por sollozos
- Esconderse debajo de la sábana

Asimismo, para aliviar la angustia del octavo mes, recomendamos tener los siguientes cuidados:

- Evitar las situaciones que puedan provocar estrés al bebé, como discusiones o cambios radicales del ambiente.
- No exponer al bebé al contacto con multitudes que lo puedan intimidar.
- Ser paciente y no reprimir al bebé como si se tratase de un capricho injustificado.
- Hablarle con tranquilidad y en tono sereno, ya que el bebé necesita el apoyo de sus padres.

CAPÍTULO
10

CÓMO POTENCIAR LA INTELIGENCIA DEL BEBÉ

EL DESPERTAR DE LA INTELIGENCIA

Cuando nos referimos a la inteligencia de los bebés, hacemos referencia a una serie de procesos cognitivos, que incluyen la atención, concentración, la memoria, el aprendizaje, etc. Por consiguiente, estos factores sumados a la nutrición, el potencial biológico y la crianza psicológica del bebé, constituirán el desarrollo de su inteligencia durante sus primeros años de vida.

Cabe señalar, que es en el primer año de vida, donde el bebé tiene lugar al proceso más importante y decisivo en el desarrollo de su cerebro. Para comprender un poco más sobre este proceso, señalamos algunas consideraciones básicas sobre la inteligencia en los primeros años de vida:

- Existe un mito frecuente que sugiere que el crecimiento del perímetro craneal del bebé en sus primeros meses, tiene relación con un alto nivel de inteligencia, sin embargo, lo que cuenta es la eficacia de las conexiones neuronales, no el tamaño de la cabeza.

- El grado de inteligencia del bebé se encuentra influenciada solo parcialmente, por la herencia genética. Aunque alguno de los padres posea un nivel de inteligencia superior, si el niño no recibe los estímulos adecuados ni está rodeado de un ambiente que le brinde el apoyo apropiado, no podrá desarrollar sus capacidades correctamente.

• Existe una relación directa entre el embarazo y el desarrollo de la inteligencia del bebé, en tal sentido todo lo que le ocurra a la madre durante esa etapa incidirá directamente en su evolución y crecimiento intelectual.

• Aunque hay ciertas discrepancias al respecto, en general el sexo del bebé no influye en su grado de inteligencia.

• Las conexiones que se van estableciendo en el cerebro se hacen de manera secuencial, una detrás de otra. Hasta que una red de conexiones neurológicas no está constituida totalmente, no se pone en funcionamiento la siguiente. El desarrollo intelectual se realiza por etapas. El ritmo es diferente en cada niño y también depende de la manera en la que se estimule.

EL DESARROLLO SENSOMOTRIZ

El desarrollo sensomotor corresponde a una de las etapas de la evolución intelectual de los niños, establecidas por el psicólogo Jean Piaget. Este periodo abarca desde el nacimiento hasta los dos años de edad. Durante la etapa sensomotriz, la inteligencia se apoya en la percepción y el movimiento. Los niños aprenden a coordinar las experiencias sensoriales con la actividad física y motora. Los sentidos de visión, tacto, gusto, oído y olfato ponen a los niños en contacto con cosas de distintas propiedades.

Se le denomina también «inteligencia práctica» a aquella inteligencia que está muy ligada a lo sensorial y a la acción motora sobre los objetos y elementos del entorno. La inteligencia sensomotriz se construye activamente por el sujeto a lo largo de diferentes subestadios, hasta lograr la capacidad de adaptación al medio que le rodea, al final del segundo año de vida.

Durante el primer trimestre de vida, el desarrollo sensomotriz del niño presenta las siguientes características:

- Al primer mes: responde con movimientos reflejos. Se familiariza con las voces. Sigue los objetos con la mirada. Puede coger cosas pequeñas.
- A los dos meses: reconoce visualmente a sus seres queridos. Fija la mirada. Ajusta sus movimientos para lograr un objetivo determinado. Empieza sus primeros intentos de vocalización.
- A los tres meses: mantiene la cabeza erguida. Sigue el recorrido de los objetos. Busca la procedencia de los sonidos con la mirada. Cierra los ojos cuando se siente amenazado o se sobresalta.
- Hasta los cuatro meses: los primeros cuatro meses de vida del bebé se caracterizan por las reacciones circulares primarias, las cuales se expresan por medio de la tendencia de los infantes a tropezar con nuevas experiencias a través de sus acciones y, luego, a repetir estas acciones.
- De cuatro a nueve meses: en este periodo destacan las reacciones circulares secundarias, las cuales se pueden entender como patrones de conducta que establece el niño como consecuencia de alguna acción motora. A partir de este momento, al niño le interesa poner a prueba las consecuencias de sus acciones y explorar cómo responden los objetos.

De igual manera, la deficiencia de alguna de las siguientes funciones después de los tres primeros meses de vida, pueden ser señales de alerta, respecto a un problema en el desarrollo sensomotriz del bebé:

- No fija la mirada
- No se ríe ante los estímulos externos
- No consigue sostener la cabeza
- No logra succionar
- Se mueve poco

La teoría del aprendizaje de Piaget
El recordado psicólogo Suizo, Jean Piaget, sostenía que la mente es activa y se encuentra en constante proceso de asimilación y acomodación; para tal efecto, entiende que la asimilación consiste en interpretar las nuevas experiencias, en términos de las estructuras mentales presentes y sin alterarlas, en tanto que la acomodación consiste en cambiar esas estructuras para integrar las experiencias nuevas. Asimismo, indica que la mente busca de manera constante encontrar un balance entre asimilación y acomodación, para eliminar la inconsistencia entre la realidad y su representación.

EL BEBÉ DE ONCE MESES

Entre otros rasgos característicos, el bebé de once meses se destaca porque empieza a utilizar activamente la imaginación y a imitar los gestos de los padres. Si hablamos de la imitación en concreto, esta se convierte en el principal recurso para la obtención de nuevos aprendizajes. Aquí, algunos ejemplos:

Imitando a la madre: la imitación de la madre le podrá ayudar a aprender acciones fundamentales, como quitarse la ropa, lavarse las manos y pronunciar las primeras palabras. Asimismo, es posible que asimile determinados comportamientos que ha observado de los adultos u otros niños que le rodean.

Manipulando objetos: es capaz de sostener un lápiz, imitando a los adultos, introducir objetos por una ranura, quitar una tapa, entre otros. Utiliza las manos en dos acciones simultáneas, sostiene un juguete con una mano, por ejemplo, mientras con la otra se sostiene de un mueble para agacharse o ponerse de pie. Conoce bien el significado de algunas palabras y se aventura a repetir las que le resulten más fáciles o llamativas.

La imaginación: es otro potencial que empiezan a desarrollar notoriamente los niños a partir del onceavo mes de vida. Algunos padres se sienten un tanto desorientados respecto a ciertas conductas que toma su bebé, como hablar solo con personajes ficticios. Sin embargo, es necesario comprender que el niño usa la imaginación para interpretar y recrear el mundo que le rodea. La fantasía, a su vez, le permite entender ciertas reglas y a ponerse en el lugar de otro, así como a crear un entorno íntimo, en que solo él tiene acceso. La imaginación del niño pequeño se convierte en la base de su creatividad.

En tal sentido, los juegos le sirven para exteriorizar sus propias inquietudes, en un espacio donde él controla todo. Asimismo, es usual que el niño intente ocultar ese espacio a sus padres. Esta conducta solo puede ser considerada digna de preocupación, si persiste por varios años de manera descontrolada.

A continuación, algunos consejos que pueden ayudar a estimular la imaginación del bebé:

- No reprimirlo: es lo principal. Si el niño siente que se le ridiculiza o llama la atención de algún modo por estar «fantaseando». Si le llaman la atención empezará, inconscientemente, a reprimir su propia imaginación, y por ende, su creatividad. Hay que tomar en cuenta que la fertilidad creativa de la infancia no se vuelve a repetir.

- El lenguaje es un campo de experimentación muy positivo que conviene aprovecharse para estimular la imaginación y el razonamiento del niño. En tal sentido, resulta recomendable hablar mucho con ellos, escucharles y ser tolerantes.

- Las actividades manuales tampoco deben ser dejadas de lado, sobre todo considerando que son de las preferidas por la gran mayoría de niños, lo cual, en buena parte, garantiza una buena predisposición para aprender. Es bueno tener al alcance plastilinas, ceras, papeles, pinturas de colores, cartulinas y todo tipo de materiales con los que puedan dar rienda suelta a la creatividad del pequeño. Moldear, recortar y pegar, son algunos pasatiempos entretenidos que ayudarán a estimular su creatividad.

- Las actividades para estimular la imaginación de los niños deben estar asociadas al entretenimiento y al relajo, por ende, no es conveniente corregir al niño por no realizar trazos firmes o dibujar figuras sin sentido; todas estos «errores» forman parte de un proceso de descubrimiento muy importante para su desarrollo.

- La lectura también es un factor clave para estimular la imaginación del niño. Se recomiendan los libros con dibujos grandes y de colores, sobre todo, historias que puedan alimentar su fantasía.

EL DESCUBRIMIENTO DEL CUERPO

En este periodo el bebé concentra su atención en el descubrimiento de su propio cuerpo, gracias a que va adquiriendo nuevas habilidades motoras. Una manifestación clara de ello, es que abre y cierra las manos intentando agarrar un objeto, se agarra y chupa los pies o gira la cabeza voluntariamente de un lado a otro. Este interés por sus habilidades corporales, es considerado como el inicio de su desarrollo cognitivo.

Recordemos que el bebé suele ser como una esponja que absorbe todo lo que ve. En tal sentido, al poder permanecer sentado, aunque todavía con ayuda, despertará su interés por contemplar todo lo que le rodea. Igualmente, el desarrollo de la vista y del oído le permitirá ir aumentado su capacidad de atención y retención de información.

El bebé aprende las causas de sus acciones

El descubrimiento de la causalidad por parte del bebé, es la base para que empiece a interesarse por las funciones de su cuerpo. Al recibir una respuesta favorable a una acción, el bebé la repetirá una y otra vez y comprobará que obtiene siempre el mismo resultado. Aprenderá de esa experiencia y la aplicará a sus actividades futuras. Por eso, el bebé tira los objetos que tiene a su alcance y espera que el adulto los recoja y se los vuelva a dar. La intención del niño no es molestar a sus padres, sino experimentar la influencia que puede ejercer sobre el entorno.

Antes del medio año de vida, el bebé reaccionará ante su imagen en el espejo. Reconocerá a las personas que están con él y observará sus acciones atentamente. Si los padres acercan su cara a la del bebé, este, en su afán de exploración, les jalará el pelo o tocará el rostro con la mano. También, en este momento comenzará a mostrar su agrado o desagrado ante las personas y las cosas. Otros experimentos que empezará a realizar, pueden consistir en agarrarse la rodilla o llevarse el pie a la boca.

Después de los seis meses, el bebé toma cierta consciencia de la memoria (noción temporal), comprendiendo que las cosas existen aunque no pueda verlas en determinados momentos. Al cumplir los nueve meses comenzará a tocarse y frotarse los muslos, mientras que a los doce lo hará con su vientre y órganos genitales. Entre el año y el año y medio de edad, su capacidad de coordinación mejorará considerablemente; es posible también, que durante este periodo empiece a explorar hurgándose la nariz.

¿CÓMO ESTIMULAR EL APRENDIZAJE DEL BEBÉ?
Un óptimo aprendizaje del niño en etapa de desarrollo, se encontrará estrechamente ligado a la estimulación que pueda recibir de padre y/o tutores. La estimulación que se le brinde al pequeño se verá reflejada en sus años de adulto. Estos son algunos consejos prácticos para estimular las áreas principales que se relacionan con el aprendizaje del niño:

- Los sentidos: se pueden estimular con determinados juegos, como darle a oler distintas fragancias, mostrarle distintas texturas, jugar a las escondidas, jugar con instrumentos musicales, etc.
- La atención: se puede estimular haciendo sombras en la pared con las mano. También, será útil que mire un poco de televisión, computadora y libros con figuras

llamativas o secuenciales. Ir incluyendo al bebé en las actividades cotidianas, lo ayudará a focalizar su atención.

• La imaginación: como revisamos anteriormente, la imaginación se puede estimular a través de diversas actividades de corte lúdico, como el arte y la literatura.

La estimulación temprana debe ser integral, tanto física como intelectualmente. Si un niño solo aprende a jugar con la pelota y no está adecuadamente estimulado en la lectura, presentará ciertas deficiencias de corte académico, a pesar de haber desarrollado correctamente las habilidades deportivas.

Algunas consideraciones sobre el lenguaje en los niños
Es durante el primer año de vida que el niño desarrolla las bases necesarias para la aparición del lenguaje oral, es decir, sus primeras palabras. Mientras tanto el niño irá buscando otras formas alternativas de comunicación.

Hay que considerar que desde del embarazo, los niños tienen un interés singular por la voz humana, razón por la cual se les recomienda a los padres que le hablen al bebé mientras se encuentra en el vientre de la madre. De esta manera, aunque no entiendan los significados de las palabras, irán familiarizándose con las voces y los tonos de voz, a la cual, finalmente, le irán dando cierto significado. Por ejemplo, el tono de voz fuerte puede significar molestia, mientras que un tono más suave puede significar cariño.

Las primeras etapas del desarrollo del lenguaje serán de gran importancia para que el niño pueda expresarse verbalmente de manera correcta, conforme vaya creciendo. Aun así, cabe señalar, que existe la posibilidad de que el niño que habla correctamente, adquiera determinados problemas de dicción durante la infancia mayor o la pubertad.

Al nacer, este proceso se acelera porque el bebé cuenta con más estímulos directos, a nivel de todos sus sentidos; la responsabilidad de que este desarrollo sea más rápido y exitoso, dependerá de los estímulos que reciba el niño por parte de los padres o educadores.

No obstante, al margen de los estímulos que reciba, el desarrollo del lenguaje es una habilidad que cada bebé o niño irá perfeccionando en función de su propio ritmo. Aunque parezcan inmaduros para hablar, los bebés son muy receptivos y absorben todo lo que se le da, almacenando información, conceptos y palabras que le permitirán comenzar a hablar cuando tenga cerca de doce meses de nacido.

ETAPAS DE DESARROLLO DEL LENGUAJE

Prelingüística

La primera etapa del desarrollo de lenguaje, conocida como prelingüística o preverbal, abarca los primeros 12 meses de edad del bebé, aunque en algunos casos solo llega hasta el décimo mes. Durante esta etapa el bebé emite únicamente sonidos onomatopéyicos, denominados fonemas.

Aunque hasta hace no muchas décadas, la etapa preverbal era minimizada por los pediatras dentro del desarrollo del lenguaje del bebé, hoy sabemos que posee un valor relevante en la configuración del lenguaje de la persona.

En el primer año de vida la comunicación que establece el niño con su medio (familia), especial y particularmente con su madre, es de tipo afectivo y gestual. Por tal razón, es fundamental que la madre acompañe sus palabras con algún gesto afectuoso para que el pequeño comprenda.

La etapa prelinguística mes a mes

- *A los dos meses:* en los primeros meses de vida el llanto se convierte en un elemento característico de la etapa prelingüística. Con, el llanto el bebé logra comunicar sus necesidades al mundo que le rodea y, como se da cuenta de que gracias al llanto sus necesidades son satisfechas, lo usará voluntariamente, ya no siendo entonces un mero reflejo o sonido indiferenciado.

• *A los cuatro meses:* entre los dos y los cuatro meses el bebé va mostrando diversos avances, como producir sonidos guturales de 15 a 20 segundos de duración. Asimismo, se torna común que responda a determinados sonidos con una sonrisa o sobresalto. Los sonidos más comunes que emitirá el bebé de cuatro meses de nacido son «pa», «ma», «ba» y «ga». Es así que el niño irá progresando y aumentando sus vocalizaciones, las mismas que ya van tomando una forma similar a las palabras y, como tales, van cargadas de intención comunicativa.

• *Entre los cinco y los seis meses:* para el medio año de vida, empiezan a discernirse ciertas estructuras de entonación en los intentos de vocalización niño. Uno de estos primeros intentos de vocalización, comprende el balbuceo como un medio de expresión, el cual se va desarrollando desde el tercer mes, notándose su madurez a los seis. Este avance, da pie a que el niño empiece a imitar sus propios sonidos y los de otros.

• *Es así, que al sexto mes,* el niño suele emitir los primeros elementos vocálicos y consonánticos, siendo un progreso importante con respecto a los gritos y distintos sonidos onomatopéyicos, característicos de los primeros meses de vida. Posteriormente, a medida que el niño madura, irá gradualmente sustituyendo la comunicación gestual por el lenguaje verbal.

• *Entre los seis y los ocho meses:* en esta etapa, los expertos consideran al intercambio vocal entre una madre y su hijo, como una «protoconversación». La estructura del tiempo de los intercambios vocales y su función, basada en los principios de sucesión y reciprocidad, le dan a esta «protoconversación», el carácter de «primer diálogo verdadero entre la madre y el hijo».

Asimismo, es en este periodo, el niño realiza una serie de vocalizaciones espontáneas, e incluso sílabas y diptongos. Estas vocalizaciones cercanas a la palabra, son las que conducirán a emitir sus primeras palabras.

- *A los diez meses:* a este edad es posible que algunos niños empiecen a decir algunas palabras, como «mamá» o «papá». Sin embargo, lo más probable es que se trate de una repetición de lo que dicen los demás, pues todavía se encuentran en la etapa de la imitación.

- *A los doce meses:* a esa edad se espera que el vocabulario del bebé supere las cinco palabras. Conforme el bebé va progresando en su desarrollo intelectual, irá atribuyendo a las palabras los significados correctos.

Lingüística

Técnicamente, la emisión de la primera palabra del niño da inicio a la etapa lingüística. No obstante, como observamos en al apartado anterior, esta fecha es sumamente relativa. Existen una serie de factores que pueden poner en tela de discusión el inicio de la etapa lingüística, sin embargo, la mayoría de estándares la considera a partir del año de edad.

- *A partir de los doce meses:* el bebé con un año de nacido, ya comienza a producir secuencias de sonidos bastante próximos a los elementos lexicales de las palabras. Bordeando los catorce meses, el niño inicia la denominada etapa «holofrástica» (palabra-frase), en la que emite frases de una sola palabra o elementos con varios significados, como por ejemplo, la palabra «abe» (abre) que la utiliza para expresar diferentes acciones: abrir, destapar, pelar, quitar, etc.

A esta edad, el niño empieza a comprender loa calificativos utilizados por los adultos. Durante este proceso es conveniente que los adultos utilicen sustantivos, adjetivos y acciones que forman parte de la vida cotidiana del niño. Este, sin duda, es un método sencillo y eficaz para el desarrollo del lenguaje, la inteligencia y demás áreas con las relacionadas al aprendizaje. Si el niño no empieza a emitir palabras a partir del año, es conveniente que sea evaluado por un especialista a la brevedad.

* *Entre los quince y los dieciocho meses:* en este periodo se espera que el vocabulario del niño fluctúe entre las diez y las veinte palabras. Este vocabulario estará compuesto por sustantivos sencillo de una o dos sílabas, y tal vez, por algunos verbos. Los niños más adelantados en este aspecto, empezarán a utilizar frases con dos palabras relacionadas, generalmente, a objetos o acciones. En algunos casos, incluso llegarán a utilizar ciertos adjetivos.

* *A partir de los dieciséis meses,* el niño realizará con frecuencia combinaciones espontáneas de palabras y frases, incrementando significativamente su vocabulario.

RECOMENDACIONES PARA LA ESTIMULACIÓN DEL LENGUAJE

* Conversar constantemente con el bebé, comentándole, por ejemplo, las acciones que estás realizando o nombrando los objetos que tienen a la vista. La conversación con el bebé debe ser clara, evitando el exceso de diminutivos o el uso de palabras mal pronunciadas como juego.

* Se puede estimular la audición haciendo sonidos con objetos fuera del espacio visual del bebé, para que él los siga y encuentre.

* Llamar al niño o a otros miembros de la familia por su nombre, le ayudará a relacionar los nombres con las personas correctamente.

- Moderar el tono de voz según la situación, evitando siempre tonos excesivamente fuertes y duros, que puedan alterar el sistema nervioso de niño, sin contribuir en lo absoluto con su desarrollo lingüístico.

- Mostrar al niño fotos de sus padres para que las señale o preguntarle por la identificación de ciertas partes de su cuerpo.

- No es aconsejable presionar al niño para que hable, ya que es un proceso natural. En todo caso, si los estímulos aconsejados no empiezan a mostrar resultados a la edad esperada, lo mejor será acudir con el pediatra, quien determinará si existe la necesidad de seguir alguna terapia.

LA EVOLUCIÓN CORPORAL DEL NIÑO A PARTIR DE LOS DIEZ MESES

Al cumplir los diez meses, el bebé comenzará a tener mayor independencia y a mostrar mayor variedad y facilidad de movimiento; su gateo será más ágil y veloz y se pondrá de pie sujetándose de lo que tiene a su alcance, como por ejemplo, algún mueble. A esta edad, todos los órganos del bebé están listos para entrar en funcionamiento.

A los diez meses de edad, se espera que el niño tenga un peso mínimo de 7.750 kilos y un máximo de 11 kilos y medio, siendo 9.700 kilos el peso promedio. En cuanto a la talla, esta puede variar de los 67 a los 77 centímetros, siendo 72.3 centímetros, la estatura promedio.

CARACTERÍSTICAS NUTRICIONALES

Cuando cumple diez meses, existen ciertos alimentos que cobran una importancia fundamental en el desarrollo nutricional del niño. Algunos son: el pescado blanco, las legumbres y la yema de huevo. También se podrá incluir en la dieta el pan, los fideos, el yogurt y el queso fresco y cereales. A esa edad, la leche aún será un alimento básico que se debe tomar diariamente.

Un menú del niño a los diez meses, puede estar compuesto de la siguiente manera:

- 3 a 4 biberones de leche
- 1/4 de taza de cereal fortificado
- 1/4 a 1/2 taza de fruta
- 1/4 a 1/2 taza de verduras
- 1/8 a 1/4 taza de alimentos con proteína
- 1/8 a ¼ de guisos o pastas

Características del sueño del bebé a los diez meses

Conforme se acerca al año de nacido, el bebé se encontrará en condiciones de dormir de manera corrida, alrededor de 8 a 11 horas por noche. Asimismo, es posible que este horario nocturno, se complemente con un par de siestas durante el día, lo cual suma un total, aproximado de 13 a 14 horas totales de sueño diarias.

En ciertos casos, esta etapa viene acompañada por una serie de llantos, a través de los cuales el bebé manifiesta la ansiedad que le causa el proceso paulatino de independizarse de su madre, tomando consciencia de su individualidad en el mundo.

En este periodo, el sueño del bebé pasa por diferentes fases. Durante la primera se dormirá de una forma profunda durante una o dos horas, luego pasará a un sueño ligero o REM; en la última fase, se despertará parcialmente antes de regresar al sueño profundo. El resto de la noche la pasará alternando el sueño ligero con el profundo.

Consejos para superar posibles trastornos de sueño

- Dejar la puerta de su habitación abierta para que escuche la voz de los padres y no se sienta solo. Asimismo, es aconsejable mecerlo para que concilie mejor el sueño y cantarle alguna canción de cuna.
- Colocar una manta de tela suave para que la acaricie mientras se arrulla. También se puede probar con algún muñeco o peluche de material antialérgico. Estos

objetos actúan como paliativos para aliviar la tensión que genera el desprendimiento de la madre.

- Si el bebé se despierta en la noche, debería bastar con hablarle suavemente o acariciarle. Otras veces, quizá, necesite beber agua para volverse a dormir. De persistir esta falta de sueño, convendría considerarlo como un posible trastorno y consultar con el pediatra.

Movimientos y desplazamientos

A los diez meses, la movilidad del bebé presentará diversas facultades, fruto del aprendizaje, el estímulo y el desarrollo biológico. Sus dedos ganarán mayor agilidad y flexibilidad; esto le brindará la posibilidad de alcanzar objetos pequeños flexionando el pulgar y el índice a modo de pinza, pero sin apoyar la muñeca sobre ninguna superficie. A partir de este mes podrá comer con la mano, coger las galletas, el queso o cualquier alimento que pueda aplastar con las encías.

Todavía no puede dársele darle trozos de carne, maníes, uvas, salchichas, vegetales crudos o cualquier alimento duro. También podrá beber por su cuenta, aunque ayudado ligeramente por los padres.

Asimismo, a partir de esta edad el bebé ya puede gatear libremente con sus manos y rodillas. Al principio, el gateo es algo irregular e inseguro, sin embargo, con el tiempo empezará a resultarle más fácil. A pesar de que algunos bebés empiezan el gateo antes de los diez meses, será a partir de esta edad que lo perfeccionarán.

La dentición

Por lo general, la etapa de la dentición, es decir, la aparición del primer diente, se inicia a los cinco o seis meses de vida del bebé. En algunos casos, la dentición puede retrasarse hasta el décimo u onceavo mes. Usualmente, su evolución es de la siguiente manera:

- Incisivos inferiores: entre los 5 y los 12 meses.
- Incisivos superiores: entre los 7 y los 10 meses.
- Laterales superiores e inferiores: entre los 9 y 12 meses.

- Primeros molares superiores e inferiores: entre los 12 y los 18 meses.
- Caninos superiores e inferiores: entre los 18 y los 24 meses.
- Segundos molares inferiores y superiores: entre los 24 y los 30 meses.

Posibles trastornos de la dentición

La aparición de los primeros dientes puede producir una serie de trastornos, como fiebres, diarreas, exceso de salivación, irritabilidad, entre otros. Lamentablemente, estos trastornos son bastante frecuentes en la mayoría de los niños en etapa de desarrollo. Para evitar o minimizar los malestares de la dentición en el pequeño, brindamos las siguientes recomendaciones:

- Servirle alimentos fríos, líquidos o gelatinas.
- Masajear sus encías con el dedo bien lavado o con una cucharita pequeña.
- Solo de ser necesario, se le podrá administrar algún antiséptico o antiinflamatorio que no contenga ni alcohol, ni azúcar.
- Mantener una higiene bucal adecuada para su edad.

CAPÍTULO
11

18 MESES A 3 AÑOS: ENSEÑANDO A USAR EL BACÍN

CARACTERÍSTICAS DEL PEQUEÑO DE AÑO Y MEDIO
Al cumplir el año y medio de vida, el bebé ya ha atravesado varia etapas decisivas para su desarrollo. Si hacemos una recapitulación de sus avances fundamentales, podemos concluir que a los 18 meses, el niño ya camina por sí solo, pero su andar es todavía un poco inseguro, sobre todo, cuando quiere acelerar el paso. También podrá sentarse y ponerse de pie con facilidad, así como subir escaleras cogido de la mano. Asimismo, será capaz de pasar las páginas de un libro y pintar en trazos sobre un papel.

Si ha sido correctamente estimulado, al año y medio ya debería utilizar la cuchara y el tenedor, es decir, alimentarse por sí solo. Es bueno que el niño se siente a la mesa con el resto de la familia, en su silla para comer. Los pediatras resaltan que, a esta edad, resultará fundamental inculcar buenos hábitos alimenticios en el niño.

Se estima a que los 18 meses un niño bien estimulado, ya debería estar en condiciones de aprender a utilizar el urinario, para lo cual debe tener cierta capacidad de control sobre su orina o deposiciones. De cualquier forma, no se debe forzar al niño si aún no se siente preparado. Para incentivarlo, cómprele un bacín de un color o figura llamativa. Es importante celebrarle todos sus progresos y tener paciencia con sus limitaciones.

Con respecto a su desarrollo motor, el niño mostrará notables avances, como por ejemplo, coger algún objeto que se cayó debajo de la cama, pero ya no empleará solamente sus manos, si no que buscará los implementos que considere necesarios para conseguirlo.

Asimismo, el bebé reconoce a sus padres, hermanos amigos, y otros familiares más cercanos, si los ve en alguna fotografía o cuadro. Sabe quiénes son, incluso, es capaz de relacionarlos con sus nombres, aunque con cierta confusión en un principio.

LA CRISIS DE LA AUTOAFIRMACIÓN

A partir de los dos años, el niño atraviesa por cambios emocionales a los que se les conoce como crisis de autoafirmación o de oposición. Con ella, el niño toma conciencia de sí e intenta una primera afirmación personal. Su percepción y acción son primordialmente afectivas, no obstante, empieza a asimilar determinado tipo de conductas sociales adecuadas a su edad. Es posible que el bebé asuma actitudes de rechazo como forma de afianzar el «yo». Esta es una etapa influyente en la formación del carácter.

Si bien es un proceso normal y deseable, en ocasiones la convivencia con un niño para quien todo se centra en base de sus deseos, se torna un poco difícil. Esta voluntad de independencia que los lleva a querer experimentar por su cuenta, a veces choca con la realidad y descubren que todavía son incapaces de ciertas cosas, lo cual puede generarles un sentimiento de frustración, que se manifiesta en una conducta hostil.

Es en esta «crisis» de egocentrismo infantil que se hace importante implantar normas de disciplina que ayuden a canalizar los impulsos del niño, haciéndole conocer los riesgos y sanciones.

OTROS DESCUBRIMIENTOS

A esta edad, los niños empiezan a tomar consciencia de actos biológicos básicos como el orinar y defecar. Empieza así, a distinguir claramente la sensación que corresponde. En algunos casos, puede resultar duro para los padres enseñar a sus hijos a usar el bacín y el urinario. Esto, debido al proceso de rebeldía que atraviesa el niño durante la crisis de oposición.

A esta edad también se puede volver frecuente que el niño comience a tocarse los genitales. Muchos pediatras consideran que es normal que al explorarse pueda experimentar cierta excitación, que le lleve al descubrimiento del placer mediante la masturbación. Asimismo, a partir del segundo año de vida, el niño es capaz de diferenciar entre los órganos genitales de los dos sexos. Por lo general, solo se considera como cuadro patológico cuando se repite con demasiada constancia o persiste por mucho tiempo.

TENER PACIENCIA

Estos cambios que se originan en el niño, sin duda afectan también a los padres, más aún si son primerizos, pero no hay que asustarse. Su afirmación del «yo» hace que pasen por esta etapa de obstinación y negatividad. Mientras dura, requiere de unos padres pacientes, que comprendan por el proceso que se encuentra atravesando su hijo. Estos son algunos consejos:

- Ser flexibles y persuasivos.
- Determinar horarios.
- Marcar la diferencia entre adultos y niños, comprendiendo sus limitaciones en comparación con los padres.
- No ceder ante las rabietas. Hay que tener presente que son inevitables a los dos años, y que lo mejor es aprender a canalizarlas.

CONOCIENDO LA HIGIENE

Al cumplir los dos años, el niño estará preparado para empezar a habituarse a los hábitos de higiene personal. Por ejemplo, se le podrá enseñar a lavarse las manos y a cepillarse los dientes. Mientras lo hace, es una buena oportunidad para hacerle conocer la importancia de estos pequeños quehaceres. Los hábitos de higiene deben de ser muy rigurosos, ya que el niño atraviesa una etapa en la que se llevará todo a la boca. El padre o la madre que lo bañe, deberá hacer de este momento un espacio de entretenimiento que motive al niño mantener su higiene personal.

IMPONIENDO DISCIPLINA

Hacerle conocer al niño que existen limitaciones y consecuencias por sus actos es algo importante en su formación; esta imposición de la disciplina debe mantener siempre un carácter positivo, orientado a la convivencia en armonía y en respeto, más que al castigo y la reprimenda. Estos últimos nunca deben ser el objetivo de la disciplina.

Por lo general, las primeras prohibiciones que tendrá el niño en su vida, suelen estar relacionadas con su seguridad. Es así que se le enseña al bebé que hay lugares y objetos a los que no debe acceder. Lo fundamental es mantenerse firme a la hora de exigirle que respete la prohibición.

Exigen diferentes técnicas para imponer la disciplina pedagógica a los niños pequeños. Una de las más conocidas es la conocida como «tiempo fuera», la cual consiste en obligar al niño a pasar cierto tiempo solo y en un lugar carente de estímulos y distracciones (por ejemplo, un rincón) hasta que se calme.

Asimismo, es importante no olvidar que los padres deben enseñar con el ejemplo, por eso, para pedirle algo a un niño o darle una orden, se debe usar una expresión correcta, que denote cierta firmeza, mas no agresividad alguna. Evitar los términos negativos (el «no» por excelencia) siempre será un punto a favor de la buena disciplina.

CARACTERÍSTICAS DEL NIÑO A LOS DOS AÑOS Y MEDIO

A los dos años y medio, un niño sano presentará las siguientes características en sus principales áreas de desarrollo:

- Motricidad: en este aspecto mostrará avances en sus intentos de vestirse. Algunos lo conseguirán con mayor precisión que otros, pero en líneas generales, aún les costará esfuerzo y podrían presentar dificultades en la práctica.

- Evacuación: es la etapa en que los niños empezarán a dejar los pañales. Esto supondrá toda una readaptación de su rutina, para acomodarse al uso del bacín u orinal. Aún con todas las dificultades, el niño de dos años y medio ya se mostrará más independiente en ese aspecto y ya no acostumbrará mojar la cama por las noches.

- Carácter: aún mantienen la rebeldía y la oposición de los dos años. Además de eso, tienden a mostrarse mandones y arbitrarios para imponer sus deseos.

- Juegos: tienden a hablar mientras juegan. Les llama la atención rasgar papeles y que les cuenten los mismos cuentos una y otra vez. Asimismo, se interesarán por las ilustraciones de los libros para niños y los juegos de imitación o simulación.

- Sociabilidad: en algunos casos tienden a la introversión; mientras que en otros, a la interacción. Hay niños que combinan ambos estadios como parte de su temprana personalidad. En general, el niño buscará compartir sus juegos con otros niños, preferentemente de su mismo sexo.

- El lenguaje: con respecto al lenguaje mostrará una serie de características propias de la edad. Por ejemplo, empezará a utilizar los plurales para las cosas, y los pronombres «mío» y «tuyo». Asimismo, suele comprender y ejecutar el significado de las palabras «arriba», «abajo», «dentro» y «fuera». Es capaz de armar frases de tres palabras. Si ha sido correctamente estimulado, estará facultado para utilizar las normas de cortesía, como «por favor» y «gracias». De igual manera, descubrirá el poder del «no».

CAPÍTULO
12

---

3 AÑOS A MÁS: HABILIDADES, SUEÑO Y ALIMENTACIÓN

LA EVOLUCIÓN FÍSICA DEL NIÑO A PARTIR DE LOS TRES AÑOS

Características

Algunos especialistas en pediatría consideran que a partir de los tres años de edad, el menor ingresa a una segunda etapa de su infancia en la que ya deja de lado la etiqueta de «bebé». A esta edad, el niño se caracteriza por demostrar interés y entusiasmo ante determinadas actividades, como la música y los juegos. Hay que tener presente, que a los tres años todos sus logros se encuentran interconectados, de manera que lo que le ayuda en su desarrollo físico, también incide en el desarrollo de sus habilidades intelectuales y emocionales. Estas actividades lúdicas le ayudarán a desarrollar sus sentidos y a sentirse cómodo manejando diferentes materiales.

Estructura muscular

El niño de tres años en adelante, empezará a incrementar su repertorio de habilidades físicas. Por ejemplo, podrá hacer muchas cosas con las manos, como desarrollar sus habilidades para la pintura y sus primeros trazos, que serán la base de la escritura. Asimismo, le gustará hacer garabatos y hasta dibujar formas. A esta edad, se encontrará capacitado para trabajar no solo con lápices, crayolas o plumones, sino también con pinceles y esponjas. De esta manera, el niño está desarrollando las habilidades de su musculatura fina. Otras actividades que sirven para tal propósito son las siguientes:

- Pasar las páginas de los libros.
- Participar con los padres de las tareas domésticas o actividades diarias.
- Amasar, verter contenidos líquidos.
- Utilizar la cuchara.

Por otro lado, los músculos gruesos también tienen una gran oportunidad de ser ejercitados a partir de esa edad, mediante una serie de actividades que serán del gusto del niño:

- Gatear, caminar, correr, saltar.
- Sostenerse en un pie, subir y bajar peldaños.
- Bailar, representar historias, imitar animales.
- Seguir instrucciones que impliquen movimiento.

Desarrollo del peso y la talla
Conforme va creciendo, el niño empieza a definir más su rostro, pareciéndose cada vez menos a un bebé. En esta etapa, las características físicas de los padres se empiezan a distinguir en el niño. Asimismo, sus extremidades aún son notoriamente cortas y el color de sus ojos y cabellos tiende a definirse, si es que no ha sucedido antes.

En cuanto a su ritmo de crecimiento, este suele desacelerarse al cumplir los tres años. Haciendo una estimación promedio, podemos decir que al tercer año el peso de niño bordea los 15 kilos, o 14, 5, en el caso de las niñas; mientras que su altura se calcula entre los 95 y 96 centímetros, en ambos sexos. A partir de los tres años, se recomienda medir y pesar al niño cada seis meses, para asegurarnos de que no se aleja de las medidas estándar.

Resulta complicado definir a ciencia cierta cuales deben ser las medidas adecuadas para cada niño, en todo caso, un método que se suele seguir para determinar la estatura, consiste en realizar un cálculo matemático en base a la talla del padre, más la de la madre, dividida entre dos; al resultado se le suma 6.5 en el caso de los niños, o se le resta la misma cantidad en el caso de las niñas.

Aunque pueden presentarse una serie de excepciones y complicaciones, se espera que el desarrollo del peso y talla de los niños, evolucione de la siguiente manera hasta cumplir los siete años de edad (cabe resaltar, que las medidas que detallaremos, comprenderán la distinción de sexos, que a partir de los tres años se hará cada vez más evidente):

- A los cuatro años: el peso promedio de los niños a esta edad se calcula en 16.7 kilos, mientras que la talla se encuentra fijada en 100.3 centímetros, es decir, ya sobrepasa el metro de estatura. Por su parte, las niñas en promedio, pesarán 15.5 kilos y medirán alrededor de 99.14 centímetros.

- A los cinco años: el peso promedio de los niños a esta edad se calcula en 18.03 kilos, mientras que la talla se encuentra fijada en 106.40 centímetros. Por su parte, las niñas, en promedio pesarán 17.4 kilos y medirán alrededor de 105, 95 centímetros.

- A los seis años: el peso promedio de los niños a esta edad se calcula en 19.91 kilos, mientras que la talla se encuentra fijada en 112,77 centímetros. Por su parte, las niñas en promedio pesarán 112.22 centímetros.

- A los siete años: el peso promedio de los niños a esta edad se calcula en 22 kilos, mientras que la talla se encuentra fijada en 118,50 gramos. Por su parte, las niñas en promedio pesarán 117,27 centímetros.

El NIÑO APRENDE A CAMINAR
Cabe esperar, que a los tres años, muchos de los movimientos

del niño serán casi automáticos, debido a que ya no tendrá que concentrarse para caminar, pararse, correr o saltar, sin embargo, todavía algunas acciones, como ponerse de puntas o pararse sobre un pie, requieren concentración y esfuerzo.

Es bastante frecuente que los niños sufran cierto tipo de patologías de nacimiento, relacionadas a la forma de caminar. Algunas de ellas son relativamente sencillas de corregir, mientras que otras podrían llegar a requerir métodos más complejos o incluso cirugía.

El pie plano

Es sin duda, el defecto más común que se puede presentar en el niño, respecto a su forma de caminar. Este trastorno consiste en la ausencia de arcos en los pies. Se le denomina también pie plano flexible infantil, y es fisiológico hasta los tres años (es decir que desaparece solo). Aun en el caso de que no se corrija del todo, no causa demasiadas molestias, aunque a veces provoca cansancio al caminar, o dolor en la planta del pie. En otros casos, el problema puede ser degenerativo; de ser ese el caso, la necesidad de tratamiento resultará inminente para evitar que el defecto se acentúe irreversiblemente con el paso de los años.

Se sugieren diversas formas de combatir el pie plano. Algunos traumatólogos, recomiendan el uso de plantillas y zapatos ortopédicos, lo cual ayuda a aliviar las molestias en el caso de que no se corrija, pero lo cierto es que no se ha demostrado que sean del todo efectivos. También se suelen recomendar determinado tipo de ejercicios, como caminar por terrenos irregulares como la arena. Esta actividad contribuye a fortalecer la musculatura de la planta del pie.

Un caso menos común, pero posible, de pie plano es el pie plano congénito. En este caso, el pie del pequeño casi no se mueve. La corrección de esta anomalía ameritará un riguroso proceso quirúrgico.

El pie zambo

Se denomina pie zambo, cuando el pie se encuentra curvado hacia dentro y hacia abajo y permanece rígido. Esta anomalía resulta más frecuente en los niños que en las niñas, y puede afectar a uno o a los dos pies. El tratamiento para corregir el pie zambo casi siempre se basa en la intervención quirúrgica, sin embargo, algunos médicos proponen tratamientos con yesos y férulas ortopédicas, conocidos como «método Poseti».

Pie aducto

Se denomina pie aducto cuando la mitad anterior del pie apunta hacia dentro. Es una malformación de tipo congénito, aunque también se puede dar por una mala posición en el útero, la cual, si es leve, puede no detectarse hasta que empieza a andar. Aunque normalmente se corrige de manera natural, puede llegar necesitarse correctores nocturnos o incluso cirugía, dependiendo de la gravedad.

Pie Talo

Se denomina pie talo cuando la punta del pie apunta hacia arriba. Usualmente, suele ser producto de un defecto postural en el útero. Tiende a desaparecer con el paso de los meses, sin embargo, se ser una deformidad estructural, requerirá de tratamientos con yeso o prótesis para corregirse.

Pie cavo

Consiste en un aumento del arco plantar. Pese a no tener repercusiones graves, puede llegar a ser muy molesto y producir dolor en las zonas de apoyo. Una buena manera de detectarlo, consiste en observar si el niño desgasta con demasiada rapidez sus zapatitos por los lados. Ante posibles quejas del niño al andar, lo mejor es llevarlo con el traumatólogo y revisar si el calzado del niño no es la causa de su molestia.

Pie valgo

Es un defecto que se encuentra relacionado al pie plano. Consiste en apoyar los pies sobre los laterales internos, de manera que el talón queda hacia afuera y el tobillo hacia adentro. No suele ameritar tratamiento, debiendo desaparecer después de los tres años.

ASPECTOS NUTRICIONALES

A los tres años la dieta del niño será bastante más variada que durante sus primeros meses. Una dieta equilibrada para un niño de esa edad, deberá estar compuesta por lácteos, cereales, carnes, verduras, frutas y en menor proporción, grasas y azúcares. Asimismo, el infante ya masticará alimentos en trozos.

De igual manera, se dejará llevar por su sentido del gusto para elegir los alimentos que desea comer. En esta etapa el padre debe tener el tacto suficiente para no ceder ante los caprichos alimenticios del pequeño, sin llegar tampoco, a convertir la hora de la comida en un momento de presión para el niño. Si el niño rechaza con mucha vehemencia un alimento en especial, los podemos reemplazar por otro que contenga los nutrientes equivalentes.

A esta edad también son frecuentes los altibajos en el apetito. Una semana pueden comer mucho y a la otra poco. Si estos cambios les resultan muy confusos a los padres, lo mejor será pedirle su opinión al pediatra. La importancia de la alimentación en esta etapa recae en el aspecto social a la hora de comer. Es la ocasión de enseñar al niño lo que es el buen comportamiento en la mesa, así como los buenos modales y las normas de cortesía.

Esta relación de la comida con el aspecto social, se manifiesta en el hecho de que a esa edad, los niños empiezan a comer en la escuela, junto a sus compañeros de aula y tutores. Es en ese momento que el niño combina determinadas habilidades sociales con sus hábitos alimenticios.

A partir de los tres años, el niño requiere de cuatro comidas diarias para estar bien alimentado. Un menú típico para un niño de esa edad, puede constar de lo siguiente:

Ejemplo 1
- Desayuno: leche con galletas y fruta.

- Almuerzo: puré de calabaza, lenguado a la plancha y una fruta.
- Media tarde: pan con queso y jugo de frutas.
- Cena: Crema de pollo con tortilla y leche.

Ejemplo 2
- Desayuno: cereales de leche con fruta.
- Almuerzo: puré de verduras con estofado de pollo.
- Media tarde: yogurt natural con kiwi.
- Cena: sopa de verduras, pasta y leche.

DESARROLLO PSICOMOTOR

El niño de tres años irá adquiriendo progresivamente un mayor dominio de su cuerpo, primero en la motricidad gruesa y luego la fina. Algunas características de este desarrollo a partir de los tres años, son las siguientes:

- Aumenta su talla entre 6 a 8 centímetros por año.
- El peso también aumenta considerablemente.
- La cabeza crece a un ritmo más lento que el tronco y las extremidades.
- Completa la dentición.
- Controla esfínteres.
- El cuerpo es funcionalmente asimétrico, con un lado dominante.

Asimismo, los niños comienzan a incorporar nuevas formas de movimiento y las expresan con mayor independencia, sin embargo, algunos de estos movimientos no estarán totalmente logrados.

La motricidad del niño, en el período de tres a cuatro años, evoluciona de la siguiente manera: se desplazan caminando, corriendo y saltando en diferentes direcciones. El desarrollo de la orientación espacial, mayormente, lo demuestran al lanzar objetos de diferentes formas y hacia diferentes puntos de referencia.

Ingram Content Group UK Ltd.
Milton Keynes UK
UKHW011539290323
419359UK00005B/602